高职应用英语专业"1＋1＋X"
人才培养模式研究与实践

熊素娟 著

浙江工商大学出版社
ZHEJIANG GONGSHANG UNIVERSITY PRESS
·杭州·

图书在版编目(CIP)数据

高职应用英语专业"1＋1＋X"人才培养模式研究与实践 / 熊素娟著. —杭州：浙江工商大学出版社，2019.5

ISBN 978-7-5178-3315-4

Ⅰ. ①高… Ⅱ. ①熊… Ⅲ. ①高等职业教育－英语－人才培养－培养模式－研究 Ⅳ. ①H319

中国版本图书馆 CIP 数据核字(2019)第 138442 号

高职应用英语专业"1＋1＋X"人才培养模式研究与实践
GAOZHI YINGYONG YINGYU ZHUANYE "1＋1＋X" RENCAI PEIYANG MOSHI YANJIU YU SHIJIAN

熊素娟 著

责任编辑	沈明珠　张晶晶
封面设计	林朦朦
责任印制	包建辉
出版发行	浙江工商大学出版社
	（杭州市教工路 198 号　邮政编码 310012）
	（E-mail：zjgsupress@163.com）
	（网址：http://www.zjgsupress.com）
	电话：0571-88904980，88831806（传真）
排　　版	杭州朝曦图文设计有限公司
印　　刷	虎彩印艺股份有限公司
开　　本	710mm×1000mm　1/16
印　　张	11.75
字　　数	195 千
版 印 次	2019 年 5 月第 1 版　2019 年 5 月第 1 次印刷
书　　号	ISBN 978-7-5178-3315-4
定　　价	48.00 元

前　言

随着我国经济发展的不断变化,国家对应用型人才的素质要求也越来越高。高等职业学校肩负着培养服务区域发展的高素质技术技能人才的重任,人才培养模式的改革和探索一直以来都是各高职院校工作的重点。

宁波城市职业技术学院国际学院应用英语专业自成立以来,努力结合宁波及长三角地区经济发展特点,不断拓展岗位模块方向,以就业为导向,以职业岗位能力培养为本位,积极推行校企合作、工学结合的人才培养模式,使学生的能力结构更符合涉外岗位的要求,努力提升应用英语专业的专业内涵和办学质量,不断探索符合社会发展的复合型英语类人才的培养模式。经过二十余年的改革探索实践,应用英语专业建设成为浙江省优势建设专业、宁波市特色专业、宁波市品牌专业、浙江省示范性实训基地建设专业,已为宁波及长三角地区输送3000多名优秀的复合型人才,人才培养质量逐年提高,已形成较广泛的社会影响力。

在国家加快推进"一带一路"倡议的背景下,宁波作为"一带一路"建设综合试验区,对应用英语人才的需求非常旺盛。但当前社会需要的人才已不是单一的语言人才,也不仅仅是英语+商务的简单融合人才,是融合了多种技能,具有创新能力、国际化视野、跨文化交际能力的复合型人才。在学校"素质引领、校企合作、分类培养"人才培养理念的指导下,实施"分类培养、分层教学、尊重选择、多样成才"的专业人才培养模式创新,构建与之相适应的课程体系、实施途径和保障体系等措施,能促使学生成长成才,让每一个学生都有人生出彩的机会。应用英语专业基于社会需求,在培养目标、培养模式、教学模式、课程设置、教学内容、教学管理、实践教学方面探索相应的配套改革和创新,形成了分层教学、分类培养的"1+1+X"(英语+二外+专业技能)一专多能的人才培养体系。

本书是宁波城市职业技术学院国际学院应用英语专业教师在探索创新人才培养模式改革过程中的经验总结。笔者结合多年来参与制定应用英语专业人才培养方案、实施专业教学改革实践的切身体验,基于《高职高专应用英语专业教学标准》，多角度论述了"1＋1＋X"人才培养模式的创新与实践教学改革的探索和经验。

全书分为七章：第一章为应用英语专业"1＋1＋X"人才培养模式概况，首先从《高职高专应用英语专业教学标准》对本专业培养目标的定位分析入手，基于社会对应用英语专业人才需求，分析当前应用英语专业发展现状以及人才模式改革和创新的必要性；第二章为应用英语专业"1＋1＋X"复合型人才培养模式构建的理论基础及其内涵；第三章为应用英语专业"1＋1＋X"人才培养专业教学标准及应用英语专业核心课程教学标准，分别对课程定位、改革理念、设计思想、内容标准和实施建议、课程教学环境和条件等内容进行了相关说明；第四章为应用英语专业实践教学体系；第五章为应用英语专业课程教学改革实践，主要从课程教学体系改革、教学方法改革、教学手段改革、师资队伍培养和实践教学条件营造五个方面介绍了应用英语专业课程教学改革实践；第六章从概述国内外产教融合的形势出发，介绍了应用英语专业产教融合协同育人改革实践；第七章为应用英语专业"1＋1＋X"人才培养模式改革成效。

在本书撰写过程中，得到了宁波城市职业技术学院高职研究中心主任祝志勇教授的悉心指导，在此致以深切谢意。感谢应用英语专业历任专业负责人丁俏蕾、郑惠敏、王占九、李文星、蔡文芳、蒋玉琴老师和应用英语专业全体教师提供了丰富的资料和经验。尤其是在本书第三章应用英语专业教学标准撰写过程中，得到了颜晓平、朱娇燕、晏妮等同仁的大力支持，没有你们的辛勤劳动与对我的鞭策和鼓励，本书是难以完成的。

该书的出版凝聚了应用英语专业全体同仁的心血，体现了应用英语专业在探索具有自身特色的人才培养模式上的不懈追求。但是由于本人能力、精力有限，书中不妥之处肯定难免，欢迎同行、专家和广大读者不吝赐教。

熊素娟

2019 年 2 月于宁波

目　录

第一章　应用英语专业人才培养模式现状分析 …………… 001

第一节　高职应用英语专业教学标准指导精神 …………… 001

第二节　应用英语专业人才培养现状分析 ………… 003

第三节　应用英语专业人才模式改革与创新的必要性 ………… 006

第二章　应用英语专业"1+1+X"人才培养模式概况 ……… 007

第一节　应用英语专业简介 ……………………… 007

第二节　复合型人才培养模式内涵 ……………… 008

第三节　复合型人才培养模式构建的理论基础 ………… 010

第四节　应用英语专业"1+1+X"人才培养模式内涵 ………… 011

第三章　应用英语专业"1+1+X"人才培养标准 ………… 015

第一节　应用英语专业"1+1+X"人才培养方案概况 ………… 015

第二节　应用英语专业核心课程教学标准示例 ………… 051

第四章　应用英语专业实践教学体系 ……………… 087

第一节　应用英语专业岗前综合实训指导性方案 ………… 087

第二节　应用英语专业顶岗实习指导性方案 ………… 089

第三节　应用英语专业毕业综合实践指导性方案 ………… 092

第五章　应用英语专业课程教学改革实践 ……… 097

第一节　课程教学体系改革 ……………… 097

第二节　课程教学模式改革 ……………… 105

第三节　课程教学手段改革 ……………………………… 137

第四节　师资队伍建设改革 ……………………………… 155

第五节　实践教学条件营造 ……………………………… 158

第六章　应用英语专业产教融合协同育人改革实践 ………… 161

第一节　国外产教融合育人模式概况 …………………… 161

第二节　国内产教融合育人模式概况 …………………… 163

第二节　应用英语专业产教融合育人改革实践 ………… 166

第七章　应用英语专业"1＋1＋X"人才培养模式改革成效 … 170

第一节　专业课程建设与教学改革成效 ………………… 170

第二节　人才培养质量主要成效 ………………………… 173

参考文献 ……………………………………………………… 175

第一章　应用英语专业人才培养模式现状分析

第一节　高职应用英语专业教学标准指导精神

为贯彻落实《国家中长期教育改革和发展规划纲要(2010—2020 年)》，加强高等职业院校教学基本建设和专业建设，提高专业教学质量，教育部于 2012 年 12 月发布高等职业学校英语类专业教学标准。该标准的颁布对于加强高职学校应用英语专业基本建设具有重要的现实意义。专业教学标准是高职院校人才培养方案制定、课程教学体系建设、教学改革实施的纲领性文件，是建设和管理专业的指导性文件，其指导意义如下：

一、以英语为核心，英语教学不断线

《高等职业学校英语类专业教学标准》要求课程设置分为基础阶段和专业阶段。基础阶段的教学任务主要以打好语言基础为首要任务，提高学生实际运用语言的能力；专业阶段力求熟悉业务活动的实际操作，培养基本实践能力。在两个教学阶段中，课程安排要有所侧重，但是英语综合应用能力培养和提高必须贯穿于学习的始终，以英语为核心，以职业能力的培养为目标。

二、以应用为背景，适应区域经济社会发展

衡量高职教育质量的指标主要看高职教育对区域经济社会发展的适应程度，对行业、企业发展的贡献程度，对学生成长的贡献程度。专业教学标准在课程体系和核心课程建设中提出"专业设置应主动适应区域经济社

会发展需要,结合产业发展实际,突出前瞻性、实践性和职业性,以提高学生综合职业能力和服务学生终身发展为目标";在课程体系建设中提出"应吸收行业企业专家参与,引入行业企业技术标准或规范,体现职业岗位(群)的任职要求,将英语综合应用能力和行业业务能力有机融合,构建专业课程新体系,实现专业课程内容和职业标准对接"。

三、以实践为主线,全方位突出语言实践

《高等职业学校英语类专业教学标准》中提到应用英语专业人才培养目标和规格应注重职业核心能力的培养,要具有一定的实践性。首先要在人才培养模式上突出实践性,优化人才培养模式,实行"学做合一,产教融合"的工学结合人才培养模式,达到提高职业能力以及职业素养的目的。其次在课程体系、教学内容方面,专业应根据素质结构、知识结构和能力结构科学有效地设计课程体系和教学内容。课程体系和教学内容的实践性是否能落实,其中教学模式是否具有实践性尤为重要。因此,在教学模式上应坚持以学生为中心,"做中学"。坚持高职教育实践教学特色,强调学生的实践动手操作能力训练。教学方法上采用交际法、听说法、情景法加强学生的英语应用能力;采用案例教学法、项目教学法、调研法等开展专业知识和技能的训练,以任务驱动、项目导向和模拟实训、顶岗实习教学法开展综合实践能力的训练。

实践教学作为专业教学的重要核心环节,纳入课程体系的整体设置中,理论教学与实训、实习密切联系。专业实践教学课时不应低于教学总学时的50%。其中校内专业实践累计不少于4周,毕业顶岗实习不少于16周。校内实践可以分为语言实践、商务实践和综合实践。校外实践可以分为社会实践、顶岗实习、毕业实践报告。

评价体系要具有实践性。考核中,根据不同课程以及课程开设的不同阶段综合采用形成性考核和终结性考核方法。评价过程中要注重评价主体多元化、评价过程多元化、评价内容多元化。倡导专业引入行业专家、企业专家和社会组织机构人员参与课程考核评价,注重学生在职场工作环境下的英语综合技能和专业技能的真实评价。

同时,根据相关职业岗位群的职业能力要求,建议学生考取相应的职业资格证书,建立和完善"双证书"制度,实现学历证书和职业资格证书对接,做到学以致用。

第二节　应用英语专业人才培养现状分析

应用英语专业是目前高等职业院校普遍设立的专业。以浙江为例，目前，浙江省共有 39 所高职院校开设与英语相关的专业，其中开设应用英语专业的共有 13 所。高职院校应用英语专业的设立是长三角地区对外经济开放的必然产物，肩负着为长三角地区培养和输送对外开放所需的应用型人才的使命。

一、应用英语专业人才的社会需求情况

应用英语专业应服务于区域经济社会发展，实现与相应产业对接，与行业紧密结合，满足经济发展对人才的需求。经过调研发现，近年来，应用英语专业毕业生的就业岗位群主要分布在国际贸易、国际商务、国际物流、涉外翻译和涉外旅游等。社会对应用英语专业毕业生的需求呈现出以下特点：

（一）企业对应用英语专业人才的需求数量继续上升

宁波是一个外向型经济非常突出的城市。截至 2018 年底，全市获得对外贸易经营备案登记的企业超过 42566 家，2018 年新增登记企业 5350 家。全市出口额增长 14.6%，直接与宁波市开展贸易往来的国家和地区达 222 个。宁波市服务业发展的重点领域是外贸出口、进口及内贸、运输物流等六大支柱产业。外向型、服务型经济是宁波的经济发展优势和方向，因此发展外向型经济的人才需求旺盛。近年来，宁波乃至整个长三角地区的对外贸易取得了长足发展，使得应用英语专业具有巨大的市场潜力。在宁波加速建设现代国际港口城市的背景下，掌握现代经济贸易、运输、物流理论和技能，且具有扎实英语能力的国际贸易运输及物流经营型人才非常紧缺，也就是说，未来与就业岗位紧密结合的"英语＋专业方向"的复合型应用英语专业人才的需求将更大。

（二）企业对应用英语专业人才的综合素质要求不断提高

针对企业用人需求中学历需求调查结果显示，用人单位在人才需求上趋于理智，人才需求结构发生了很大的变化。单一的语言专业或者外贸专

业的毕业生已经不能满足企业对人才素质的高层次要求,尤其是外贸、物流企业,人才需求上呈现出重实际操作、重学科交叉人才的需求。高技能复合型人才即既懂英语又懂外贸、物流、商务专业知识的人才越来越受到用人单位的偏爱。语言能力方面,企业更加看重语言听说能力,尤其是掌握多门外国语的复语人才更是受到用人企业的青睐;在专业能力方面,企业更加注重学生的多学科交叉的灵活应用能力和迁移能力;在职业素养方面,用人企业越来越关注学生的理解与交流能力、分析能力、管理能力、创新能力和学习能力。

(三)企业对应用英语专业人才的结构面临优化调整

从对学生就业单位调研得知,应用英语专业学生就业的主要领域为民营企业、个人私有企业、中外合资企业,就业的岗位主要有外贸业务员、跟单员、货运代理、销售、商务文秘、课程顾问、助教、翻译等。除了作为应用英语专业学生就业龙头岗位的外贸、物流岗位,近年来由于双语早教、幼教行业不断蓬勃发展,学前教育中具有一定英语语言能力的教师、助教的社会需求度较高。因此,要充分结合人才需求结构的变化和多元化的就业岗位,在夯实专业学生英语语言基础的前提下,通过设置不同类的专业模块课程,培养社会所需人才。

二、应用英语专业发展现状

随着长三角地区经济贸易的不断发展壮大,对复合型英语人才的需求也在不断增加。然而,目前高职应用英语专业的建设还存在着专业定位模糊、人才培养与社会脱节等方面的问题。这些问题的存在制约着应用英语专业的教学质量和效果。通过调研,我们发现应用英语专业发展中主要存在以下问题:

(一)专业教师结构单一,教学缺乏高职院校的特色

近年来,许多高职院校在应用英语专业建设方面努力探索各种人才培养模式来提高人才培养的质量。但是在实际教学中,缺少高职院校特色、传统单一的语言教学模式烙印较为深刻。高职院校应用英语专业的大多数教师以语言授课教师居多,多数是具备深厚语言教学功底的语言教师,缺乏企业工作经历,实践操作能力普遍较低。为数不多的有企业工作经历的教师在脱离企业岗位后,对相关行业和企业的最新发展动态了

解甚少,应用英语专业教师的专业理论和实践结合能力普遍较弱。《高等职业学校英语类专业教学标准》和 2019 年 1 月颁布的《国家职业教育改革实施方案》中均提出"职业院校的实践性教学课时原则上要占总课时的一半以上",强调了职业教育"实践性"的重要作用。应用英语专业教师实践教学能力的缺乏会导致教学缺乏高职院校的特色,违背职业教育的初衷。

(二)企业参与办学的动力不足,校外专业实践教学质量有待提升

高等职业技术教育旨在培养技能型高素质人才,这就需要企业参与到职业教育的教学中去。各高职院校采用种种校企合作的模式与行业企业建立实践教学的合作。应用英语专业作为语言类专业,在和行业岗位对接中,有其特殊性。企业岗位数不多,不能同时容纳较多的实习学生进行实践实习。因此,在践行校企合作、产教融合的模式时,常常处于较为浅层的合作,实践教学质量不高。尤其是在进行专业实践顶岗实践教学环节,实践时数多,实践机会少,岗位贴近度不高,重数量、轻质量的现象较为普遍。因此,即便在人才培养方案中,设定了足够的实践课时,学生到企业实习时还是无法学到用人企业所需要的操作型和技能型的能力,产教模式脱离岗位需求,专业实践教学质量有待提高。

(三)生源结构变化,学生学习习惯差异性大

高等职业院校学生的生源主要有三类:一类为普高生,即参加高考,国家统招就读的学生。该批次的学生尽管语言综合能力水平不高,但是学习习惯尚可,学习态度较为端正;第二类为从中专、职业高中升入高职高专的学生,以浙江省为例,该批次的学生在中职期间英语课程的开课课时数较少,英语学习基础非常薄弱;第三类是五年一贯制学生,即初中毕业后考取的高中＋高职的五年一贯制学习,这类学生的英语基础普遍较差,对英语学习的热情度不高。在生源结构参差不齐的现实情况下,高职院校的应用英语教学质量提高,面临着非常严峻的困难。

以上三方面的问题在相当程度上制约了应用英语专业的进一步发展。面对高等职业院校教育新的发展格局,如何转变固有的教学和专业建设思路,创新专业人才模式改革成为高职应用英语专业改革的关键所在。

第三节　应用英语专业人才模式改革 与创新的必要性

高等学校英语专业教学指导委员会所做的调查显示,传统英语专业人才培养计划所培养的学生,由于只具备单一的英语技能,已经不能满足用人单位的需要,人才市场对单一类型的英语毕业生的需求日渐减少。因此,英语专业人才培养必须转向复合型人才培养模式,只有这样才能满足国家建设和社会发展的需求。随着我国对外开放力度的不断加大,英语学习早已从单纯的语言交流走向多元化,对既熟悉国际商务又熟练掌握英语的高级复合型人才的需求越来越大。

作为经贸合作和人文交流的先行城市,宁波市在"十三五"期间成为国家"一带一路"倡议的枢纽城市、"21世纪海上丝绸之路"的支点城市,力图打造具有国际影响力的港口经济圈、制造业创新中心、经贸合作交流中心、港航物流服务中心。在此大背景下,紧紧抓住宁波市建设成为"国家现代职业教育开放示范区""中国制造2025试点示范城市"的契机,大胆改革,创新发展,利用专业优势,主动顺应宁波市"一带一路"倡议,为宁波建设成国际化港口城市和创新型经济强市,提供高素质、国际化、应用型人才和智力支持。

第二章 应用英语专业"1＋1＋X" 人才培养模式概况

第一节 应用英语专业简介

宁波城市职业技术学院应用英语专业始于 1999 年原宁波大学职教学院创办的职教师资经贸英语教育本科班。2000 年,英语三年制高职专科实用英语专业开始招生。2005 年,根据教育部 2004 年 10 月颁布的《普通高等学校高职高专教育指导性专业目录》,实用英语专业名称调整为应用英语专业,一直沿用至今。

2003 年,宁波城市职业技术学院在原宁波大学职业技术教育学院的基础上组建,并独立设置为公办普通全日制高等院校。随着城市学院的建设和发展,在学校领导的支持和帮助以及全体英语教师的努力下,应用英语专业的发展也取得了可喜的成绩。历年来,应用英语的专业建设以特色求发展,以质量求生存,以培养合格的中高级专业人才为己任,努力拓展岗位模块方向,使学生的能力结构更符合涉外岗位的要求。同时,本专业以就业为导向,以职业岗位能力培养为本位,积极推行校企合作、工学结合的人才培养模式,开展包括师资队伍建设、课程建设、教学方法与手段的改革、实训基地建设、质量标准与评价体系建设等方面的研究和实践,不断明确办学定位与人才培养目标,努力提升应用英语专业的专业内涵和办学质量。

应用英语专业旨在培养德、智、体、美、劳全面发展,具有英语语言基本理论、基础知识,掌握熟练英语语言运用能力、广泛的语言文化知识和社会科学知识,使用外经贸、涉外事务交流知识,能够胜任口笔译工作和对外文化交流、经济技术交流及涉外业务的以市场为导向的复合应用型人才。

　　目前,应用英语专业下设外贸、物流、翻译三个方向,在校学生人数为920多人,拥有一支结构合理、教科研能力强、信息技术高的"1+X"师资团队,专任教师人数为46人,其中教授、副教授14人,浙江省学科带头人1人,研究生学历或硕士学位100%,高级职称占30%,具有海外留学或培训经历的占73.3%,40岁以下青年教师占85%。应用英语专业建有同传实验室、语音实训室、专业教学实训室共计23间,实验实训条件良好。

　　专业多年来实践的分层教学、分类培养的"1+1+X"(英语+二外+专业技能)一专多能的人才培养体系,培养了大批高素质、高技能外语应用型人才,为宁波地区、浙江省乃至整个长三角地区共计输送了3900多名"外语精、专业强"的外贸人才、跨境电商产业人才、国际物流货代人才和商务翻译服务人才,为区域经济与产业发展做出了巨大贡献。过去几年,应用英语专业不断推进课程建设与教学改革,人才培养质量逐年提高,已形成较广泛的社会影响力。该专业已成为浙江省优势建设专业、宁波市特色专业、宁波市品牌专业、浙江省示范性实训基地建设专业。

第二节　复合型人才培养模式内涵

　　"人才培养模式"一词是我国教育改革的产物,从20世纪80年代以来,一直有学者和教育行政主管部门的官员对其进行界定。本书中所指的"人才培养模式"的概念来源于《关于深化教学改革,培养21世纪需要的高质量人才的意见》中的表述,"人才培养模式是学校为学生构建的知识、能力、素质结构,以及实现这种结构的方式,它从根本上规定了人才特征并集中地体现了教育思想和教育观念"(黄国勋等,2001)。

一、复合型人才培养模式的内涵

　　复合型人才培养模式强调"复合"二字,强调在人才培养过程中通过一定的教育模式培养出具有两种或两种以上跨学科知识、技能、素质的综合人才。"复合型"人才必须在两种学科上都有扎实的理论基础和跨学科的知识能力,具有较宽的知识面和跨界工作的综合素质。

二、复合型人才培养模式的要素构成

复合型人才培养模式主要包含复合型人才培养目标、复合型人才培养规格、复合型人才培养方案、复合型人才培养途径四大要素。(黄国勋等，2001)

(一)复合型人才培养目标

复合型人才培养目标是指根据学校办学定位、所需复合专业的专业性质特征，以及社会领域和行业企业对复合专业人才的需求、复合型人才的毕业走向、学校的软硬件办学条件，对复合型专业人才培养目标进行的恰当定位。比如"复语型复合型人才"培养目标既要满足两种或两种以上语言人才培养的要求，也要满足复合跨界专业(比如外贸、物流行业)对人才培养的要求。

(二)复合型人才培养规格

复合型人才培养规格主要是指基于复合型人才培养目标，对复合型人才的培养规格进行合理设计，突出人才培养中复合型人才的知识、能力、素质目标规格的界定。

(三)复合型人才培养方案

复合型人才培养方案是指在人才培养目标和人才培养规格的指导下，制定专业的教学标准，包含课程教学体系、课程教学内容等主要内容。复合型人才培养方案是复合型人才培养模式的核心要素，是人才培养过程最重要的指导性、纲领性文件。

(四)复合型人才培养途径

复合型人才培养途径是人才培养方案践行实施的手段和方法，主要包含使用何种有效的教学模式，采用何种教学方式，采用何种教学手段，来落实人才培养的教学标准。

三、复合型人才培养模式的基本特征

复合型人才培养模式最为突出的特征之一就是"复合"，复合型人才至少要掌握两个或两个以上专业或学科的基础知识和关键能力,具有较好的跨学科实践能力。此外,复合型人才培养模式关注多学科知识能力的交融。复合型人才需要学习多学科的知识,需要有机地将多学科交叉、融合,在知识、能力、素质结构方面不是松散的,跨学科知识的融合是有机的融合,有良好的知识、能力、素质结构体系。(潘柳燕,2001)复合型人才培养模式之所以受到企业、学校、受教育者的认可,最重要的特征就是在该模式培养下的人才社会适应能力强,复合型人才比单一人才的专业知识面广、专业能力强、专业素养过硬,在面对综合性强的工作时,能应用复合能力从多方面、多维度、多层次去考虑并解决问题,具有更强的社会适应性和跨界工作能力。

第三节 复合型人才培养模式构建的理论基础

社会在不断发展和进步,社会各领域的发展呈现出多元性、交互性、综合性,仅凭单一的学科知识、技能难以解决复杂综合的实际工作。因此社会对人才的需求也显现出对复合型人才的青睐。复合型人才培养模式的构建及新时期职业教育发展的要求,也是经济社会发展的需求,有其深刻的理论基础。

一、多元智能理论

多元智能理论是由"多元智能理论"之父美国哈佛大学心理学家霍华德加德纳在 1983 年首次提出的。根据"多元智能理论",学校教育在发展学生各方面智能的同时,必须留意每一个学生在某一、两方面特别突出的智能,不同的人会有不同的智能组合。在加德纳看来,每个人有八种主要智能:语言智能、逻辑—数理智能、空间智能、运动智能、音乐智能、人际交往智能、内省智能、自然观察智能。从人才观的角度出发,多元智能理论认为每个人都是聪明的,只是聪明的范畴和性质呈现出差异,作为教育者,我们应该给学生提供多种成才途径,不是让学生千军万马过独木桥,而是主张给每条学生都提供一条可过河的桥,让"各得其所"成为现实。这正是我们职业教育中复合型分层教学所提倡的"让每个学生都来有所学,学有所得,得有所长"。

二、全面发展理论

人的全面发展理论是马克思主义理论的重要组成部分之一。全面发展理论是具体的,是具有一定实践性的,它包括人的能力的全面发展、人的社会关系的全面发展、人的需要的全面发展和人的个性的全面发展。马克思的人的全面发展理论是马克思主义教育思想的重要组成部分,对现代教育改革有着纲领性指导作用。人的全面发展就是要将人自身的各种潜能最大限度地发挥出来,通过教育可以将人类的各种潜能都挖掘出来。(桑建民,1996)毛主席也曾指出:我们的教育方针,应该使受教育者在德育、智育、体育等几方面都得到发展,成为有社会主义觉悟、有文化的劳动者。同样,习近平总书记在全国教育大会上强调,坚持中国特色社会主义教育发展道路,培养德智体美劳全面发展的社会主义建设者和接班人,要提高综合素质,促进人的全面发展。

复合型的人才培养方案正是基于"全面发展理论"和"多元智能理论"提出的,充分挖掘学生的潜能,不能以单一技能培养为目标,要勇于发现、善于发现学生各方面的能力,并以合理的手段培养、加强学生的能力提升。尤其是职业院校的学生,他们的动手能力较强,善于将学到的理论知识应用于实践中,因此在人才培养模式构建中应充分结合行业社会的要求,制定复合型人才的培养模式,让学生的全面发展变为可能。

第四节　应用英语专业"1＋1＋X"人才培养模式内涵

宁波城市职业技术学院应用英语专业从专业设立之初,一直不断进行立足于区域产业发展、以职业为导向的人才培养模式的探索实践。近年来,结合学校所在地域的经济发展现状、企业调研、学生就业岗位调研,构建出符合本专业发展特色的"1＋1＋X"人才培养模式。

一、"1＋1＋X"人才培养模式简介

"1＋1＋X"人才培养模式立足宁波,面向浙江,辐射"长三角"外贸、国际物流和国际商务行业,培养应用英语复合型、国际化型人才,突出"英语

＋二外＋专业方向"的复语应用型人才的培养。其中,第一个"1"指不断线的英语专业课程设置,致力于做"精"英语能力,夯实学生的英语语言基础;第二个"1"指的是多样化的"第二外语"课程设置,致力于打造复语能力的应用型人才,提升学生就业竞争力;"X"指就业岗位方向(外贸电商、国际物流、英语翻译)的专业课程设置,致力于培养一专多能的高素质应用型创新语言人才。

二、"1＋1＋X"人才培养模式的特色

应用英语专业多年来致力于做强学生的英语能力"1",目前学生四级通过率达到95％以上;同时强化学生的二外能力以培养学生复语能力,二外开设语种多,已开设日语、法语、德语、西班牙语、泰语、匈牙利语、韩语等二外课程,选修率达到100％。此外,专业努力做精学生"X"多方向的岗位技能,目前开出的主要方向有外贸电商、国际物流和英语翻译,60％以上的学生获得"X"多方向的中级(或以上)技能等级证书。"1＋1＋X"的人才培养创新体系经多年实践,在培养一专多能的高素质应用型创新语言人才方面有显著成效。

(一)双语能力培养

语言是沟通、交流的工具,任何一门语言的学习都不可速成,必须循序渐进。应用英语专业的"1＋1＋X"人才培养模式着重培养 AI 不可替代的能力,不断线地培养学生语言能力。主要体现为:

1."精"英语能力培养

做"精"英语,体现为不断线听说读写译课程,水平以英语专业学生毕业考取四级等级证书、大学英语六级、中级口译证书(或相应的商务英语证书等)来体现。在新的人才培养方案制定过程中,应用英语专业基础平台课程开设了英语单项技能基础课程、中级课程、高级课程,课程开设贯穿于整个学习阶段,英语基础课程总课时达到680课时,占人才培养方案总课时数的26.5％,且课程设置梯度合理,符合学生学习特征。此外,在岗位群平台开设商务英语翻译类、雅思英语类课程,在岗位模块课程中开设 BEC 商务英语课程,在拓展课程中开设英语竞赛类课程,从不同层面夯实学生的英语语言基础。

2."强"二外能力培养

做"强"二外,体现为增强学生第二外语能力,提前开设二外课程,开设

多语种供学生选择,目标为能开口,会交流。2013 年习总书记提出"一带一路"倡议构想,为高校的小语种(二外)语言教育带来了机遇与挑战。"一带一路"沿线覆盖 64 个国家,所需要的小语种人才处于极度匮乏的状态,因此"外语＋"的复合型人才的培养具备了紧迫性。地处宁波,作为"一带一路"建设综合试验区,应用英语专业凭借宁波良好的区域发展优势,努力培养懂英语、会二外的复合型人才。在宁波城市职业技术学院小语种中心的支持下,所有应用英语专业学生在第二学期、第三学期学习第二外语基础课程,在第四学期选修第二外语提升课程,同时辅以小语种俱乐部课程,多途径提升复语能力。

(二)双证体系培养

"1＋1＋X"人才培养模式中注重课证融合,专业基础平台课程打造语言能力,帮助学生获得大学英语四级证书、大学英语六级证书。岗位基础平台课程和模块方向课程旨在培养学生的就业、专业发展能力,帮助学生考取就业、职业资格证书,例如外贸单证员证书、中级口译证书等。岗位方向模块课程设置和教学内容的选取针对相关的岗位群所需的知识和技能,着眼于学生的可持续发展,着眼于学生继续学习的基础,着眼于专业技能的训练,着眼于学生转岗能力和关键能力的培养。从应用英语专业所面向的岗位群看,主要集中在国际物流、国际商务、外贸业务员等,在模块的设计中,充分考虑这些岗位所必备的知识和技能,尽量达到"双融通",即课程标准与职业资格标准的融通,学历教育与职业资格培训的融通。课程的教学与职业考证相融合,上课内容与考证内容相融合,使学生毕业时获得"双证",顺利实现就业。

(三)职业核心能力培养

职业核心能力是任何行业和职业都需要的能力。应用英语专业"1＋1＋X"人才培养方案课程设置过程中,充分考虑学生可持续性发展能力的培养和跨界能力的培养,除注重夯实学生外语能力外,调整课程设置,开设多媒体制作、演讲与口才、基础会计、跨文化交际等课程,培养学生成为多面手,提升学生的综合素质与转岗能力。课程安排有侧重,整个教学过程以英语综合应用能力培养和提高为主线,以职业能力培养为目标。

(四)多样化人才培养

"1＋1＋X"人才培养模式注重分类培养、因材施教。在夯实英语＋二外语言能力的基础上,通过模块课程、拓展课程满足不同学习水平学生的学习要求,实现不同层次学生的分类培养。着眼于"基本型+提升型"的培养目标和规格,实施分类培养、因材施教。"基本型"学生主要通过专业基础平台课程、岗位群平台课程、专业模块方向课程和顶岗实践课程学习,获得就业所必需的知识和技能。"提升型"学生通过基础课程学习后,可以通过拓展课程选修国内专升本课程提升自身的专业基础,为进一步升学深造奠定良好的知识基础。

"1+1+X"人才培养模式不是"课程体系叠加",而是基于学生能力提升的"复合能力构建",其核心目标就是通过专业基础平台课程打造语言能力,岗位基础平台和模块方向课程解决 X 复合能力和学生就业能力(证书),从而提升学生的专业发展能力和岗位工作可迁移能力。

第三章　应用英语专业"1＋1＋X"人才培养标准

第一节　应用英语专业"1＋1＋X"人才培养方案概况

一、专业名称

应用英语专业。

二、招生对象

普通高中毕业生。

三、学制

一般三年，实行弹性学制，鼓励学生提前毕业或创业，允许学生中途休学或停学，以累积学分形式分阶段完成学业。

四、专业定位

近年来，结合国家"一带一路"倡议以及宁波综合改革试点城市的发展优势，应用英语专业围绕学校"城市、国际"的办学定位，立足宁波，依托宁波港口外贸物流产业发展和文化旅游等支柱产业发展群，以外语技能为核心，以实际应用为目的，实施"1＋1＋X"的创新性人才培养模式，贯彻"平台

＋模块＋岗位实操"课程教学体系,主要培养符合地方对外经济发展需求的外贸物流人才、翻译人才,探索培养符合宁波以及长三角地区经济发展需求、具有复语能力的复合型人才。

五、培养目标

本专业面向外经贸、跨境电商、国际物流、英语翻译和英语培训服务等岗位,培养具备扎实英语基础知识,掌握较强英语听、说、读、写、译等综合应用能力,具有良好职业道德、团队协作精神、适应能力和创新能力的高素质技术技能国际化应用型人才。本专业分类培养以复合型、专升本型和国际型为主。

六、就业面向

详见表 3-1。

表 3-1　应用英语专业学生就业面向岗位表

就业方向	初始岗位	发展岗位
外经贸	外贸业务助理、外贸单证员、外贸跟单员、外贸公司文员	外贸单证主管、外贸业务员、外贸部经理
国际物流	国际货代销售助理、货代操作	国际货代销售主管、货代操作主管、货代商务经理
跨境电商	涉外电子商务操作员、电子商务客服人员	电子商务经营主管或经理
英语翻译	翻译助理	商务现场翻译、译员
英语培训服务	培训学校办公室文员、培训学校英语助教	培训学校英语老师、培训学校管理人员

七、人才培养规格要求

应用英语专业旨在提高学生"英语运用能力、专业实践能力、通用职业能力",分别从素质、能力和知识三方面要求学生达到人才培养要求。

(一)本专业毕业生应达到的知识要求

本专业学生经过三年的学习须掌握英语语言基础知识,以及英语国家社会文化和跨文化沟通等基础知识;掌握外贸、跨境电商、国际物流、涉外语言培训和涉外翻译等涉外岗位的工作知识和业务技能;掌握涉外岗位工作相关的公共关系知识、计算机基础知识、二外基础知识和国际法规等知识。

(二)本专业毕业生应训练获取的能力要求

本专业学生经过三年的学习须获取英语语言运用能力(英语听、说、读、写、译)、专业实践能力(运用英语进行外贸实务操作、跨境电商操作、国际物流操作、翻译和涉外语言培训等工作的能力)和通识职业能力(人际交往能力、计算机应用能力和跨文化沟通能力等)。

1. 英语运用能力(英语听、说、读、写、译的能力)

能听懂英语国家人士关于日常生活和社会生活的谈话以及题材熟悉的报道或讲座;

能与英语国家人士进行一般的日常会话和事务性讨论,语言基本得体;

能读懂难度中等的英语读物,掌握中心大意,抓住有关细节和要点,正确领会作者意图;

能根据作文题目、提纲或图表、数据等写作,文章内容切题,条理清楚,语言通顺;

能翻译难度一般的多题材的英语文章,并借助词典翻译难度中等以上的各类体裁的英语书面资料,并且能够胜任一般性的口译工作。

2. 专业实践能力

(1)外贸电商方向:

能熟练运用英语独立完成进出口业务的贸易磋商、签约、履约等各个环节工作的跟进;

能撰写与缮制外贸业务中各种英文函电、单证;

能准确使用英语完成跟踪订单过程中与外商或工厂的沟通与协调工作,保证订单顺利执行;

能进行外贸单证实务操作以及单证制作、审核;

能熟练进行外贸订舱、出运工作;

能熟练进行外贸货款操作及外贸后续工作;

能使用电子商务专业知识从事国际、国内网络营销及物流管理,具有维护和参与开发电子商务网站的能力;

能熟练进行涉外电子商务第三方国际平台操作;

能运用网络营销的信息资源搜集,提供网络市场信息咨询、技术信息咨询、决策信息咨询,能完成市场调查。

(2)外贸物流方向:

能熟练进行外贸业务操作;

能进行物流信息的收集和处理,能以英语作为交流语言完成国际物流营销策划的基础工作;

能运用国际物流方面的专业知识和操作技能,进行国际海运和国际航空运输承运业务基本操作;

能进行国际海运、国际航空运输等货代业务的基本操作;

能进行国际货物海运集装箱码头业务基本操作;

能合理选择货物配送制定作业流程和路线,具备配送业务的基本操作和处理协调能力。

(3)翻译方向:

能承担一般性的非正式会谈或外宾日常生活的口译工作;

能承担日常正式或非正式的外宾接待工作;

能就一般难度的材料进行英汉互译,能借助工具书对有一定专业难度的材料进行笔译;

能承担应用较多场合的专业翻译工作;

能根据文化礼仪常识和具体场合协助领导和外宾进行管理,及时处理工作中出现的有关问题。

3.通用职业能力

具有通过不同途径获取信息的能力;

具有跨文化沟通能力;

具有初步运用计算机处理工作领域内的信息和技术交流的能力;

具有对新知识、新技能的学习与运用能力;

具有职业创新意识和自主创业能力。

(三)本专业毕业生应具备的职业素质

本专业学生经过三年的学习应具有爱国主义情怀,开阔的国际视野,正确的人生观、价值观和较强的法制观念;具有良好的道德行为习惯;具有良好的职业素养和职业道德,爱岗敬业、诚实守信;具有从事本专业工作所需的耐心细致和积极主动等意识,能遵守相关的法律法规;具有良好的文化修养和跨文化交流意识,具备较强的团队协作精神,具有自主学习、创新能力和适应能力。

八、工作任务与岗位能力要求

应用英语专业以能力为本位,以培养实用型、技能型人才为目的,培养面向生产第一线的高素质、技能型创新人才。"1+1+X"人才培养方案中,"X"(外贸、物流、翻译)方向分别对应多个工作岗位,针对每个工作岗位对应不同的典型工作任务和职业能力,开设对应的课程,培养夯实学生的职业能力。

(一)外贸电商方向

1.外贸业务员

表 3-2　外贸电商方向外贸业务员典型工作任务分析

工作任务领域	典型工作任务	职业能力	职业素质	开设课程
1 外贸业务联络	1-1 编制出口产品英文小册子和进行国际市场调查	1-1-1 能用英语描述产品性能、规格、包装等情况 1-1-2 能用英语展示产品 1-1-3 能用英语预测行业发展趋势 1-1-4 能完全理解英文贸易术语 1-1-5 能理解英文贸易法规和国际惯例	1-1 与周围的同事和谐相处 1-2 提供合理的建议给上司和领导 1-3 部门之间尽量使用书面沟通或者电话沟通 1-4 将自己的良好形象展示给客户 1-5 工作要讲究效率,养成良好的书面记录习惯 1-6 要及时答复客人的电子邮件或者电话	进出口业务操作,国际市场营销,国际贸易实务,商务谈判技巧,商务翻译实务
	1-2 进口贸易市场调研	1-1-1 会熟练运用国外网站寻找信息 1-1-2 会正确分析英文信息 1-1-3 能结合国内情况确定目标产品 1-1-4 会制定进口经营方案		
	1-3 参加涉外展会,浏览外贸网络平台,联系业务,寻找客户	1-3-1 能利用网络资源、国外网站及驻外机构寻找国外潜在供应商 1-3-2 会通过电子邮件、电话等用英语与国外客户联系 1-2-3 会通过各种渠道调查国外客户的资信情况 1-3-4 能用熟练的英语接待参加涉外展会的国外客户 1-3-5 能用英语写市场调查报告		

续　表

工作任务 领域	典型 工作任务	职业能力	职业素质	开设课程
	1-4　做外贸谈判前的准备工作	1-4-1　熟悉国际航线及港口的英文名称 1-4-2　能用英语询价报价 1-4-3　能用英语进行商务谈判 1-4-4　熟悉委托进口代理协议的程序和内容 1-4-5　会拟制委托进口代理协议 1-4-6　能进行进口许可证、进口免税证明等进口批件的办理 1-4-7　能熟练进行价格核算与转换 1-4-8　熟悉涉外商务礼仪		
2　外贸合同订立	2-1　进行外贸谈判	2-1-1　能用英语与外商进行书面或口头的报盘与还盘 2-1-2　能根据外商要求打样和寄样 2-1-3　能熟练运用英文电子邮件 2-1-4　能用英语正确制作和计算报价单	2-1　要时刻维护公司或工厂的形象 2-2　养成认真仔细的工作作风和严谨的工作态度 2-3　要有风险意识和大局观念 2-4　要有良好的精神面貌和高效的工作作风 2-5　要有团队合作的精神	进出口业务操作,商务谈判技巧,国际贸易法律风险防范
	2-2　签订英文外贸合同	2-2-1　能通过 E-mail 和微信等用英语与客户协商 2-2-2　了解与客户洽谈技巧,能与客户进行多种方式的英语洽谈 2-2-3　能运用不同贸易术语,辅助签订英文外贸合同,包括品质、数量、包装、单价、装运、保险条款等的订立 2-2-4　能够审核信用证,修改来证		

续　表

工作任务领域	典型工作任务	职业能力	职业素质	开设课程
3　外贸合同履行	3-1　申请开证和改证工作	3-1-1　熟悉申请开立信用证的程序 3-1-2　会填写英文开证申请书 3-1-3　会填制开证申请人承诺书 3-2-1　能够审核信用证,修改来证 3-2-2　会根据英文信用证受益人的要求确定是否需要修改信用证 3-2-3　熟悉申请改证的程序 3-2-4　会书写修改信用证通知书	3-1　要有良好的沟通能力 3-2　要有解决突发事件的应急意识 3-3　要有良好的协调意识 3-4　要有仔细认真的工作作风	进出口业务操作,国际贸易实务,国际贸易法律风险防范,外贸单证实务
	3-2　联系工厂	3-2-1　能根据英文订单联系工厂安排发货事宜 3-2-2　能根据英文订单下达交货时间安排表 3-2-3　能直接用英语与客户联系,做好工厂与客户间的桥梁工作 3-2-4　熟悉采购渠道,并能通过电子平台进行网上采购		
	3-3　准备货物	3-3-1　根据所签英文合同具体条件,对产品质量进行检控、跟单 3-3-2　能及时与包装、生产部门联系,使货物能准时发出 3-3-3　能根据英文合同的要求验货 3-3-4　能根据要求制作英文唛头 3-3-5　能根据外商要求进行包装		
	3-4　委托货运公司	3-4-1　能与货代联系租船订轮事宜 3-4-2　能浏览国外船公司网页 3-4-3　了解各种运输方式 3-4-4　熟悉国内外保险条款 3-4-5　能正确填写和核对系列中英文单证		

续　表

工作任务领域	典型工作任务	职业能力	职业素质	开设课程
	3-5　提货	3-5-1　能凭借付款换取的正本提单或副本提单加换单保函到船代处换取提货单 3-5-2　能凭"电放保函"到船代处换取提货单 3-5-3　能把握换单时间 3-5-4　熟悉换单手续 3-5-5　会费用结算		
	3-6　报检报关	3-6-1　能熟练操作电脑,填制中英文报检报关单据 3-6-2　能正确核对中英文单据 3-6-3　熟悉进出口报检、报关流程,能按商检局和海关规定办理报检、报关手续		
	3-7　制单结汇	3-7-1　能制作一套完整的单据		
4　结算货款	4-1　对外付款工作	4-1-1　能办理付汇、托收、信用证项下的业务流程和付款手续 4-1-2　会填写境外汇款申请书 4-1-3　会制作和提交外汇管理要求的单据 4-1-4　会审核代收行转来的英文单据 4-1-5　会填写对外付款/承兑通知书 4-1-6　会审核银行转交来的英文货物单据 4-1-7　会填写购汇申请书,办理购汇手续	4-1　要有精打细算的品质 4-2　要有节约的意识 4-3　要有耐心细致的工作态度	进出口业务操作,中级英语写作,高级英语写作,外贸单证实务
	4-2　结算货款	4-2-1　能审核英文提单 4-2-2　能根据英文合同或信用证条款办理结汇手续		
5　进出口善后工作	5-1　向外汇管理局核销	5-1-1　掌握外汇单据的相关知识 5-1-2　会填制核销单	5-1　要有与国内各部门协调的意识 5-2　工作要有条理性	进出口业务操作,国际贸易实务,中级英语写作,高级英语写作
	5-2　进口付汇核销	5-2-1　会办理进口付汇核销表 5-2-2　熟悉不同结算方式的进口付汇核销方法		

续　表

工作任务领域	典型工作任务	职业能力	职业素质	开设课程
	5-3　向国税局退税	5-3-1　能按时退税		
	5-4　处理争议与索赔	5-4-1　能处理卖方违约事故 5-4-2　能办理进口索赔手续 5-4-3　了解向不同相关当事人索赔的手续		

2. 外贸跟单员

表 3-3　外贸电商方向外贸跟单员典型工作任务分析

工作任务领域	典型工作任务	职业能力	职业素质	开设课程
1　订单处理	1-1　外贸订单的处理 1-2　生产订单的处理	1-1-1　熟知国际贸易操作 1-1-2　熟知跟单流程 1-1-3　能分析订单要约条款 1-1-4　能熟练操作办公软件 1-1-5　能熟练使用外贸软件制作和打印内销合同 1-1-6　具有良好的英语听说读写能力 1-1-7　具有良好的产品专业知识	1-1　要有吃苦耐劳的精神 1-2　要有爱岗敬业的精神 1-3　要有周到的服务意识 1-4　要有踏实的工作作风 1-5　要有良好的英语沟通意识	进出口业务操作,国际贸易实务,国际贸易法律风险防范,商务谈判技巧,外贸单证实务
2　生产进度质量控制	2-1　供销协调 2-2　采购管理 2-3　生产制造 2-4　品质管理	2-1-1　能对订单生产做出合理安排 2-1-2　了解产品生产的基本流程 2-1-3　能针对同规格产品在几家供应商之间进行询价、比价、议价 2-1-4　能对产品质量问题做出分析和判断 2-1-5　能与业务员、工厂进行有效沟通 2-1-6　懂得质量控制与检验流程 2-1-7　能够把相关生产执行部门串接起来共同处理异常问题	2-1　要有仔细认真的工作作风 2-2　要有严谨的工作态度 2-3　要有勤学好问的学习品格 2-4　要有吃苦耐劳的坚强意志	进出口业务操作,国际贸易实务,外贸单证实务

续　表

工作任务领域	典型工作任务	职业能力	职业素质	开设课程
3　出运管理	3-1　租船订舱	3-1-1　能读懂基本单据 3-1-2　能根据产品性质来安排相应的储运 3-1-3　能使用适当的方式向客户提供单据	3-1　要有踏实的工作作风 3-2　要有善于与人沟通协调的良好习惯 3-3　要有做事认真仔细的良好品质	进出口业务操作,国际贸易实务,外贸单证实务

3.外贸单证员

表 3-4　外贸电商方向外贸单证员典型工作任务分析

工作任务领域	典型工作任务	职业能力	职业素质	开设课程
1　订舱	1-1　订舱和货运安排	1-1-1　能分析贸易合同中对订舱和货运安排的要求 1-1-2　能分析运输的最佳路线 1-1-3　能选择是班轮运输还是租船运输 1-1-4　能合理安排运输的装船时间和地点 1-1-5　能准确地计算运输的各种费用	1-1　热爱外贸单证工作岗位 1-2　能充分兼顾客户的立场想问题,做事情	外贸单证实务,进出口业务操作,国际贸易实务
2　单证缮制	2-1　缮制汇票	2-1-1　能确定是否需要缮制商业汇票 2-1-2　能缮制商业汇票 2-1-3　能发现缮制商业汇票的缺陷并及时进行修改	2-1　勤奋工作,虚心学习 2-2　有良好的自信心,要有奋斗目标 2-3　能够与周围的同事和谐相处 2-4　能够提供合理的建议给上司和领导,部门之间尽量使用书面沟通或者电话沟通	外贸单证实务,进出口业务操作,国际贸易实务
	2-2　缮制商业发票	2-2-1　能缮制商业发票		
	2-3　缮制装箱单	2-3-1　能缮制装箱单 2-3-2　能发现缮制商业发票、装箱单和出入境报检委托书的缺陷并及时进行修改		
	2-4　缮制报检委托书和报检单	2-4-1　缮制报检委托书和报检单 2-4-2　能发现缮制商业发票、装箱单和出入境报检委托书的缺陷并及时进行修改		

续 表

工作任务领域	典型工作任务	职业能力	职业素质	开设课程
	2-5 缮制报关单	2-5-1 能缮制报关单		
	2-6 缮制海运提单和托运单	2-6-1 能缮制海运提单和托运单		
	2-7 缮制投保单	2-7-1 能缮制保险单		
3 单证审核	3-1 审核出口对方开出的信用证	3-1-1 能分析贸易合同 3-1-2 能分析信用证 3-1-3 能根据贸易合同和跟单信用证国际惯例审核出口对方开出的信用证 3-1-4 能发现跟单信用证的缺陷并及时进行修改	3-1 工作中要注意沟通方法,一旦出现问题,首先想到的是如何去解决问题,而不是追究责任 3-2 发现错误要及时纠正,杜绝再次发生	外贸单证实务,进出口业务操作,国际贸易实务
4 单证的传递	4-1 单据的流转操作	4-1-1 能分析贸易合同 4-1-2 能分析信用证 4-1-3 能根据贸易合同和跟单信用证国际惯例进行各种议付的单据的流转 4-1-4 能发现各种议付的单据的流转缺陷并及时进行处理	4-1 工作要讲究效率,养成良好的书面记录习惯 4-2 有团队合作精神	外贸单证实务,进出口业务操作,国际贸易实务
	4-2 审核进口对方开出的各种议付的单据	4-2-1 能分析贸易合同 4-2-2 能分析信用证 4-2-3 能根据贸易合同和跟单信用证国际惯例审核进口对方开出的各种议付的单据 4-2-4 能发现对方开出的各种议付的单据缺陷并及时进行处理		

4.涉外电子商务经营管理人员

表 3-5　外贸电商方向涉外电子商务经营管理人员典型工作任务分析

工作任务领域	典型工作任务	职业能力	职业素质	开设课程
1　涉外电子商务经营管理	1-1　涉外电子商务日常管理	1-1-1　能基本分析电子商务经营战略环境 1-1-2　能基本掌握电子商务经营战略目标 1-1-3　能基本掌握电子商务经营战略方法	1-1　具有扎实的中英文语言功底 1-2　具有广博的知识面 1-3　具有涉外电子商务专业知识背景 1-4　具有快速灵敏的反应力 1-5　具备从容淡定的心理素质 1-6　具有全球意识、国际视野	跨境电商实务,中高级英语听力,中高级英语口语,中高级英语阅读,中高级英语写作,二外,国际贸易实务,跨文化交际,国际贸易法律风险防范,商务谈判技巧
	1-2　涉外电子商务项目管理	1-2-1　能了解电子商务人力资源管理制度 1-2-2　能基本了解电子商务物力资源管理制度 1-2-3　能基本了解电子商务无形资产管理制度 1-2-4　能基本了解企业资本运营原则与方式		
	1-3　电子商务信息流管理	1-3-1　能够掌握网站战略目标实施监控流程 1-3-2　能够协调运营团队整体工作 1-3-3　能够正确使用涉外电子商务接待的常用词组和句型 1-3-4　具备敏锐的听力、短时记忆力以及行之有效的笔记能力 1-3-5　具有良好的英汉语言知识以及准确灵活的双语口头表达能力 1-3-6　具有良好的心理素质和随机应变的处理能力		

续　表

工作任务领域	典型工作任务	职业能力	职业素质	开设课程
2　涉外电子商务翻译管理	2-1　企业和产品宣传翻译	2-1-1　能够充分熟悉企业,并翻译相关企业宣传资料,开展对外宣传 2-1-2　能够充分熟悉公司产品,翻译产品资料信息,包括产品的价格、付款方式等,开展对外宣传	2-1　具有扎实的中英文语言功底 2-2　具有广博的知识面 2-3　具有商务专业知识背景 2-4　具有刨根问底的求知精神 2-5　具有精益求精的译者精神 2-6　具有全球意识、国际意识	跨境电商实务,中高级英语听力,中高级英语口语,中高级英语阅读,中高级英语写作,二外,国际贸易实务,跨文化交际,国际贸易法律风险防范,商务谈判,技巧商务翻译实务,国际市场营销,中级口译
	2-2　商务函电的翻译	2-2-1　能掌握英语商务常用函电的基本格式和要求 2-2-2　能掌握商务函电的相关专业知识 2-2-3　能够熟练使用英汉商务函电互译的策略和翻译技巧 2-2-4　能翻译一般的商务信函		
	2-3　商务函电翻译整理	2-3-1　能对各类商务函电翻译资料进行归纳整理 2-3-2　能在函电的翻译管理过程中发现问题 2-3-3　能提炼商务函电,并针对内容做出决策		
3　涉外电子商务网站的维护	1-1　网站日常维护	1-1-1　能用中英文进行公司营销产品信息的发布、更新及同行信息的收集 1-1-2　能用中英文利用网络推广方式进行公司产品推广销售、品牌形象推广和销售动态报道 1-1-3　能用中英文在各大 B2B 网站发布产品信息及软文、博客推广等	1-1　具有全局意识,能考虑到一个活动的方方面面 1-2　具有较强的组织协调能力 1-3　具有分清主次、抓住重点的能力 1-4　具有强大的执行能力 1-5　具有全球意识、国际视野	跨境电商实务,中高级英语听力,中高级英语口语,中高级英语阅读,中高级英语写作,二外,国际贸易实务,跨文化交际,国际贸易法律风险防范,商务谈判技巧,商务翻译实务,国际市场营销
	1-2　网站总体策划	1-2-1　能撰写平台文案及原创文章 1-2-2　能撰写活动专题策划和文案 1-2-3　能用中英双语撰写新闻稿及软文广告		

5.网络营销员

表 3-6　外贸电商方向网络营销员典型工作任务分析

工作任务领域	典型工作任务	职业能力	职业素质	开设课程
1　网络营销代表	1-1　营销维护	1-1-1　能定期与合作客户进行沟通,建立良好的长期合作关系 1-1-2　能维护老客户的业务,挖掘客户的最大潜力	1-1　具有全局意识,能考虑到一个活动的方方面面 1-2　具有较强的组织协调能力 1-3　具有分清主次、抓住重点的能力 1-4　具有强大的执行能力 1-5　具有全球意识、国际视野	国际贸易实务,跨文化交际,跨境电商实务,国际贸易法律风险防范,商务谈判技巧
	1-2　营销开发	1-2-1　能通过电话和现场拜访与客户进行有效沟通,了解客户需求,寻找销售机会并完成销售业绩 1-2-2　能撰写活动专题策划和文案 1-2-3　能用中英双语撰写新闻稿及软文广告		
2　营销策划	2-1　日常营销策划	2-1-1　能根据公司整体发展战略,搭建互联网运营平台,并制定互联网营销计划、预算并执行 2-1-2　能整合互联网资源,提高公司门户网站和各个业务网站的浏览量,不断提高用户体验,增强用户黏性 2-1-3　能完成网站社区的规划及平台搭建,提高用户浏览量	2-1　具有锐意进取的职业精神 2-2　具有强烈的企业主人翁精神及忠诚度 2-3　具有商业保密意识 2-4　具有较强的执行能力 2-5　具有全球意识、国际视野	国际贸易实务,跨文化交际,跨境电商实务,国际市场营销,国际贸易法律风险防范,商务谈判技巧
	2-2　项目营销策划	2-2-1　能寻找合适的合作伙伴和代理商共同执行营销项目,并有效地执行项目 2-2-2　能有效构建和管理网络营销渠道和合作伙伴体系 2-2-3　能用中英双语排版公司的项目的营销策略		

(二)外贸物流方向

1.外贸业务员、跟单员、外贸单证员

详见以上外贸电商方向同岗位人员。

2.货代业务员、商务、客服

表 3-7 外贸物流方向货代业务员/商务/客服典型工作任务分析

工作任务领域	典型工作任务	职业能力	职业素质	开设课程
1 货代销售	1-1 面向国内直客的销售	1-1-1 能根据起始地和目的地确定合理的运输方式 1-1-2 能从各承运公司的英文网站获取信息 1-1-3 能向各承运公司询价并获得较优价格 1-1-4 能对货代业务进行环境分析 1-1-5 能综合运用营销策略进行业务推广		
	1-2 NVOCC 销售	1-2-1 能正确理解英文的业务来函 1-2-2 能用英文书写和回复业务函电 1-2-3 能礼貌接听、正确理解国外来电 1-2-4 能用英文礼貌、准确地表达业务信息 1-2-5 熟悉国际航线和国际港口英文名称 1-2-6 能用英文确认目的港产生的费用 1-2-7 能根据英文函电落实货物生产情况 1-2-8 能根据英文合同或信用证进行货物装运各环节的时间安排	1-1 具有诚信品质 1-2 具有敬业精神 1-3 具有责任意识 1-4 具有交流沟通能力	进出口业务操作,国际货代业务操作,国际物流实务

续 表

工作任务领域	典型工作任务	职业能力	职业素质	开设课程
2 货代商务	2-1 争取舱位与优势价格	2-1-1 具有较强的公关能力 2-1-2 能与各大船公司保持良好的合作关系 2-1-3 能及时获悉最新航班、航线及运价调整状况 2-1-4 能争取到优势价格 2-1-5 在舱位紧张时,能保证舱位的供给 2-1-6 能综合运用各方面的条件,争取舱位与优势价格	2-1 具有法律意识 2-2 具有灵活机动的处事风格 2-3 具有交流沟通能力	国际贸易法律风险防范,国际货代业务操作,国际物流实务
3 货代客服	3-1 国外代理维护	3-1-1 能用英文函电与国外代理保持畅通联络 3-1-2 能用英语口语与国外代理进行适时沟通 3-1-3 能对国外代理进行客户关系管理		
	3-2 国内客户维护	3-2-1 能与国内客户保持良好沟通 3-2-2 能对国内客户进行客户关系管理		
	3-3 各环节非常规事宜处理	3-3-1 能用英语与国外承运人及国外代理沟通非常规事宜 3-3-2 能用英语与国外其他物流环节沟通非常规事宜 3-3-3 能综合运用英语能力和具体条件以解决非常规事宜 3-3-4 能与承运人沟通以解决非常规事宜 3-3-5 能与国内货主沟通以解决非常规事宜 3-3-6 能与国内仓储公司沟通以解决非常规事宜 3-3-7 能与国内相关机构沟通以解决非常规事宜 3-3-8 能综合运用具体条件以解决非常规事宜 3-3-9 能分析并制订非常规事宜解决方案 3-3-10 能充分调动组织内各环节的力量以解决非常规事宜	3-1 具有诚信品质 3-2 具有敬业精神 3-3 具有责任意识 3-4 具有交流沟通能力 3-5 具有团队协作精神	国际货代业务操作,国际贸易实务,国际物流实务

3. 货代操作员

表 3-8　外贸物流方向货代操作员典型工作任务分析

工作任务领域	典型工作任务	职业能力	职业素质	开设课程
1　货代操作	1-1　一代海运整柜非美线操作	1-1-1　能正确解读货主托单的英文条款 1-1-2　能根据货主托单缮制英文委托书 1-1-3　能浏览各承运公司的中英文网站,选择合适的承运人 1-1-4　能安排报检与报关 1-1-5　能及时安排车队拖柜或货物进仓 1-1-6　能逐条确认承运人提单英文条款	1-1　具有诚信品质 1-2　具有敬业精神 1-3　具有吃苦耐劳品质 1-4　具有认真仔细的做事风格 1-5　具有团队协作	外贸单证实务,国际贸易实务,国际货代业务操作,国际物流实务
	1-2　一代海运整柜美线操作	1-2-1　能完成 2-1 的系列操作 1-2-2　能准确及时地填写和发送"10＋2"和 AMS 等信息		
	1-3　NVOCC 一般操作	1-3-1　能与目的港代理确认产生的各项费用及相关款项的结算 1-3-2　能根据海运单或海运提单签发货代提单 1-3-3　会书写英文缮后函 1-3-4　能用英文口语进行缮后事宜的沟通 1-3-5　能用英文函电将拼箱业务的相关信息详细告知国外代理,以做好目的港服务工作		
	1-4　海铁联运操作	1-4-1　能进行海铁联运的成本核算 1-4-2　能与报关员配合进行转关操作 1-4-3　能熟练进行铁路运输的操作 1-4-4　能正确出具海铁联运提单		

续　表

工作任务领域	典型工作任务	职业能力	职业素质	开设课程
2 货代财务管理	1-5 拼箱操作	1-5-1 能根据自身业务状况,对在相应国际港口设置国外代理进行可行性分析 1-5-2 能通过浏览英文网站、使用英语函电和英语口语交流等方法寻找并确认国外代理 1-5-3 能用英文与国外代理签署目的港代理协议 1-5-4 能出具拼箱提单		
	2-1 应收应付管理	2-1-1 能依双方签署的协议对业务费用与佣金准确进行结算与支付 2-1-2 能对应收应付账款进行管理、催收与支付	2-1 具有诚信品质 2-2 具有认真仔细品质 2-3 具有法律意识	国际贸易实务,进出口业务操作,国际货代业务操作,国际物流实务
	2-2 核销单等的管理	2-2-1 能对报关退税联、核销单和手册等进行登记、管理与寄送		

(三)英语翻译方向

1.译员

表 3-9　英语翻译方向译员典型工作任务分析

工作任务领域	典型工作任务	职业能力	职业素质	开设课程
1 口笔译	1-1 礼仪致辞口笔译	1-1-1 能就国际会议上的致辞做现场口译 1-1-2 能就投资贸易洽谈会上的致辞做现场口译 1-1-3 能就访问会谈上的致辞做现场口译 1-1-4 具备敏锐的听力、短时记忆力和行之有效的笔记能力 1-1-5 能利用有效听取技巧迅速准确获取信息,并进行口头大意描述		

续　表

工作任务 领域	典型 工作任务	职业能力	职业素质	开设课程
	1-2　人物访谈口笔译	1-2-1　能在英文网站上搜集到关于某个著名人物的信息 1-2-2　能进行人物访谈并口译 1-2-3　能具备敏锐的听力、短时记忆力 1-2-4　具有良好的英汉语言知识以及准确灵活的双语口头表达能力 1-2-5　具有良好的心理素质和随机应变的处理能力 1-2-6　能利用逻辑分析技巧对讲话进行纵向和横向分析 1-2-7　能利用纵横分析技巧寻找信息之间逻辑关系,学会主动听取信息	1-1　具有扎实的中英文语言功底 1-2　具有广博的知识面 1-3　具有商务专业知识背景 1-4　具有快速灵敏的反应力 1-5　具备从容淡定的心理素质和不卑不亢的人格素养 1-6　具有全球意识、国际视野 1-7　尊重他人和其他文化的素养	中级口译证书 1-2,基础英语翻译,商务翻译实务
	1-3　企业介绍口笔译	1-3-1　能收集、分析接待客人的基本信息 1-3-2　能够使用英语陪同外商参观工厂或公司 1-3-3　具备敏锐的听力、短时记忆力以及行之有效的笔记能力 1-3-4　具有良好的英汉语言知识以及准确灵活的双语口头表达能力 1-3-5　能为企业介绍做现场口译 1-3-6　具有良好的心理素质和随机应变的处理能力 1-3-7　能正确得体地使用商务礼仪		

工作任务领域	典型工作任务	职业能力	职业素质	开设课程
1-4　国际商务旅行和访问口笔译		1-4-1　能了解国际商务旅行和访问的行程安排 1-4-2　能收集、分析国际商务旅行和访问目的地的有关信息 1-4-3　具备敏锐的听力、短时记忆力以及行之有效的笔记能力 1-4-4　具有良好的英汉语言知识以及准确灵活的双语口头表达能力 1-4-5　会正确使用常用旅游术语和常见句型 1-4-6　能遵守和正确使用商务礼仪		
1-5　谈判磋商口笔译		1-5-1　能了解商务谈判的整个工作过程 1-5-2　能基本掌握商务谈判所涉领域的专业知识 1-5-3　能收集、分析谈判对象的有关信息 1-5-4　具备敏锐的听力、短时记忆力和行之有效的笔记能力 1-5-5　具有良好的英汉语言知识以及准确灵活的双语口头表达能力 1-5-6　具有良好的心理素质和随机应变的处理能力 1-5-7　能掌握商务谈判口译的基本技巧和策略 1-5-8　能遵守商务谈判的礼仪		

续 表

工作任务领域	典型工作任务	职业能力	职业素质	开设课程
	1-6 国际会展口笔译	1-6-1 能用英语了解会展的整个工作过程 1-6-2 能够基本掌握国际会展口译所涉领域的专业知识 1-6-3 具备敏锐的听力、短时记忆力和行之有效的笔记能力 1-6-4 具有良好的心理素质和随机应变的处理能力 1-6-5 具有良好的英汉语言知识以及准确灵活的双语口头表达能力 1-6-6 能对文字材料如展会资料、PPT展示资料、博览会书面介绍材料进行分析和理解 1-6-7 能为展会上的致辞做现场口译 1-6-8 能遵守商务谈判的礼仪		

2. 英语培训师

表 3-10 英语翻译方向英语培训师典型工作任务分析

工作任务领域	典型工作任务	职业能力	职业素质	开设课程
1 教学设计	1-1 教学内容选择	1-1-1 能借助一定的测试工具评估学生的英语水平 1-1-2 能透彻地理解英文教材的内容，了解教材的体系和特点 1-1-3 能针对学生英语水平进行教学内容的选择与取舍 1-1-4 能编制合理的教学计划及教学进度	1-1 具有教书育人的高度责任心 1-2 具有因材施教的教育理念 1-3 具有创新意识、创新思维 1-4 具有科学严谨的教育态度 1-5 具有精益求精的治学精神	英语教学设计与课堂实践，英语语音语调，基础英语听力，基础英语口语，基础英语阅读，基础英语写作，中高级英语听力，中高级英语口语，中高级英语阅读，中高级英语写作

续　表

工作任务 领域	典型 工作任务	职业能力	职业素质	开设课程
	1-2　教学活动设计	1-2-1　了解儿童心理及语言发展的特点 1-2-2　能对学生的课堂表现做出一定的预判 1-2-3　能运用多种符合儿童身心发展特点的教学方法 1-2-4　能针对学生认知特点设计多种英语教学活动 1-2-5　能按照要求编写英文教案		
	1-3　课件制作	1-3-1　能根据课程内容搜集利用各种网络资源及图片等制作课件的素材 1-3-2　能熟练使用 PPT 软件,制作精美活泼的课件		
	1-4　教具选择与制作	1-4-1　能针对教学内容及学生特点搜集并选择相应的教具 1-4-2　能针对教学内容及学生特点制作简单的教具		
2　教学实施	2-1　课堂教学活动组织	2-1-1　能较为流利地用英语组织课堂教学 2-1-2　能采用游戏、音乐、表演、绘画等多种艺术技能进行英语教学 2-1-3　能较好地把握课堂节奏	2-1　具有爱心和耐心,尊重学生 2-2　尊重儿童心理及语言发展特点 2-3　悦纳儿童个体差异 2-4　具有科学严谨的教育态度 2-5　具有良好的沟通能力	
	2-2　师生互动	2-2-1　能借助口头语言表达技能及身体语言表达技能流畅地发出教学指令 2-2-2　能鼓励学生多说多练,坦然面对错误 2-2-3　能适时地对学生的回答进行及时评价,鼓励为主,纠正错误		
	2-3　课堂氛围营造	2-3-1　能运用口语体态表达技能、现代教育技术使用技能、教学环境创设技能、艺术教育技能等多种技能营造活泼生动的课堂氛围 2-3-2　能觉察课堂氛围并即时调整		

续 表

工作任务领域	典型工作任务	职业能力	职业素质	开设课程
3 教学评价与反思	3-1 教学评价设计	3-1-1 能结合教学目标设计过程性评价表 3-1-2 能根据学生特点设计终结性考核模式	3-1 具有良好的沟通能力 3-2 具有敏锐细致的观察能力 3-3 具有细致深入的分析能力 3-4 具有谦虚谨慎的工作作风	
	3-2 教学评价分析与反思	3-2-1 能用心观察学生的课堂表现,适时给予评价和指导 3-2-2 能敏锐地了解课堂反应,并做出合理的应对 3-2-3 能认真分析学生终结性考核结果,并给予相应的评价和指导 3-2-4 能养成课后教学反思和教学总结的习惯,并能根据教学反思及总结的结果,对教学活动进行合理的调整		

3.助教

表 3-11 英语翻译方向助教典型工作任务分析

工作任务领域	典型工作任务	职业能力	职业素质	开设课程
1 课程推介	1-1 编制课程宣传材料	1-1-1 熟知课程相关信息 1-1-2 能熟练操作办公软件 1-1-3 能针对客户需求重点突出地拟写课程宣传材料	1-1 具有积极进取的开拓意识 1-2 具有良好的沟通能力 1-3 具有工作状态中时刻保持良好形象的意识 1-4 具有用心踏实的工作作风 1-5 具有较高的工作效率,养成良好的书面记录习惯 1-6 具有较强的抗压能力和良好的心理素质	英语教学设计与课堂实践,英语语音语调,基础英语听力,基础英语口语,基础英语阅读,基础英语写作,中高级英语听力,中高级英语口语,中高级英语阅读,中高级英语写作
	1-2 通过面谈、电话、推介会等方式寻找客户	1-2-1 能较为自信地进行陌生面谈及陌生电话拜访 1-2-2 能敏锐地洞察客户心理,分析客户需求,评估客户类别 1-2-3 能运用一定的营销手段向目标客户推介课程 1-2-4 能较为自信地在推介会上展示推介相关课程		

续　表

工作任务领域	典型工作任务	职业能力	职业素质	开设课程
2　英语教学跟进	2-1　协助课程主讲教师	2-1-1　能根据课程主讲教师要求整理教学资料 2-1-2　能根据课程主讲教师要求准备教学资料、教具，简单布置教学环境 2-1-3　能协助课程主讲教师完成授课任务 2-1-4　能协助课程主讲教师完成课程考核与评价	2-1　具有良好的沟通协调能力 2-2　具备一定的管理能力及统筹能力 2-3　具有良好的团队合作精神 2-4　富有亲和力，有责任心 2-5　具有用心踏实的工作作风 2-6　具有较高的工作效率，养成良好的书面记录习惯	
	2-2　辅导学生	2-2-1　能认真跟进学生学习情况 2-2-2　能针对学生情况进行个性化的学习策略指导 2-2-3　能帮助学生查漏补缺、答疑解惑		
	2-3　协助教学管理	2-3-1　能协助教学管理部门完成日常事务 2-3-2　能协助教学管理部门进行教师的招聘、培训、沟通、管理以及课程设置等 2-3-3　能协助教学管理部门进行教学监督，对教学质量进行监控 2-3-4　能协助做好教学部门和市场部门的沟通工作		
3　师生、家校沟通	3-1　协助师生沟通	3-1-1　能敏锐地了解学生的心理状态及需求 3-1-2　能较为巧妙地调整学生心理状态及需求 3-1-3　能以恰当的方式向主讲教师反应学生需求，提醒或给出建议 3-1-4　能协助做好师生间的有效沟通	3-1　养成细心观察的习惯，具有较为敏锐的洞察力 3-2　具有良好的沟通协调能力 3-3　具备较为出色的表达能力 3-4　具有善于思考、及时发现问题、提出问题并解决问题的意识 3-5　具有亲和力、同理心	

续　表

工作任务领域	典型工作任务	职业能力	职业素质	开设课程
	3-2 协助家校沟通	3-2-1 能用心了解学生家长的心理状态及需求 3-2-2 能较为巧妙地调整学生家长的心理状态及需求 3-2-3 能向校方反应学生家长的需求,提醒或给出建议 3-2-4 能协助做好家校间的有效沟通		

八、专业核心知识和关键能力

表 3-12　专业核心知识和关键能力分析表

分类		核心知识	关键能力	课程设置
英语应用能力	英语听说能力	发音正确,较好地掌握朗读和会话交流中的节奏感及语流中的语音变化规律;掌握英语语言基础知识和听、说、读、写、译基本技能;通过课堂教学及其他途径认知词汇 4000—4500 个,正确而熟练地运用其中的 2500 个及其最基本的搭配。	能听懂英语国家人士关于日常生活和社会生活的谈话以及题材熟悉的报道或讲座;能与英语国家人士进行一般的日常会话和事务性讨论,语言基本得体;能读懂难度中等的英语读物,掌握中心大意,抓住有关细节和要点,正确领会作者意图;能根据作文题目、提纲或图表、数据等书写条理清楚、语言通顺、较合乎规范的英语文章;能翻译难度一般的英语材料并借助词典翻译难度中等以上的各类体裁英语资料;能胜任一般难度的口笔译工作。	基础英语听力,基础英语口语,基础英语阅读,基础英语写作,基础英语翻译,中高级英语听力,中高级英语口语,中高级英语阅读,中高级英语写作
	英语读写能力			
	英语翻译能力			

续　表

分类		核心知识	关键能力	课程设置
专业实践能力	外贸实践能力	(1)商品基础知识:熟悉经营商品的性能、品质、规格、标准、包装、用途、生产工艺和原材料等知识; (2)外贸业务知识:了解国际贸易基础理论,熟悉各种国际贸易方式、进出口业务流程和进出口业务操作知识; (3)国际营销知识:了解国际营销基本原理,熟悉各种国际营销方法和技巧; (4)国际贸易惯例:掌握《国际贸易术语解释通则》《托收统一规则》和《跟单信用证统一惯例》(UCP600)等惯例的含义和实际运用。	能依托阿里巴巴、国际环球资源等平台通过实际订单的形式完成市场调研、寻找客户、外贸磋商、签订合同、履行合同等外贸业务操作;能逐步掌握不同情境下的外贸谈判;能逐步提高外贸营销能力和实际接单能力和外贸跟单能力。	外贸单证实务,国际贸易实务,进出口业务操作,国际市场营销
	外贸物流操作能力	(1)商品基础知识:熟悉经营商品的性能、品质、规格、标准、包装、用途、生产工艺和原材料等知识; (2)外贸业务知识:了解国际贸易基础理论,熟悉各种国际贸易方式和进出口业务流程和进出口业务操作知识; (3)国际营销知识:了解国际营销基本原理,熟悉各种国际营销方法和技巧; (4)国际贸易惯例:掌握《国际贸易术语解释通则》《托收统一规则》和《跟单信用证统一惯例》(UCP600)等惯例的含义和实际运用; (5)掌握我国海运货运代理进出口业务程序;国际海运代理整柜和拼箱业务的工作知识;掌握国际物流仓储相关业务的操作流程;熟悉国际货物海运集装箱码头业务操作流程;掌握拖车、报检、报关的一般程序。	(1)综合业务能力。熟悉国际贸易各个环节和操作程序,熟悉公司/工厂的产品,对生产流程有详细的了解,能够独立完成进出口业务操作。(2)市场调研和预测能力。能运用收集整理的市场信息资料,分析市场行情动态和客户需求状况,撰写市场调研报告,提出营销建议。(3)推销能力。主动寻求市场机会,注意把握客户心理,能在诚信、平等互利基础上与客户建立长期的、良好的、稳定的贸易关系。(4)能进行国际海运和国际航空运输承运业务基本操作;能进行国际海运、国际航空运输等货代业务的基本操作;能进行国际货物海运集装箱码头业务基本操作;能够合理选择货物配送制定作业流程和路线,具备配送业务的基本操作和处理协调能力。	进出口业务操作,国际货代业务操作,国际贸易实务,国际物流实务

续　表

分类		核心知识	关键能力	课程设置
专业实践能力	跨境电商操作能力	(1)具有踏实的中英文知识；(2)掌握中英文基本的电子商务术语及相关知识；(3)具备丰富的涉外电子商务经济文化知识；(4)了解涉外电子商务接待、推广、谈判、参展、招投标、会晤等涉外电子商务的实际运作过程。	掌握电子商务、管理学、经济学的基本理论和基本知识；掌握电子商务流程的规划设计、程序编写和运作管理的基本技能；熟悉电子商务网站安全和交易安全管理的技能；具有较强的语言和文字表达、人际沟通、信息获得以及分析和解决电子商务实际问题的基本能力；熟悉国际电子商务运作的相关法律和协议,掌握我国电子商务方面的方针、政策和法规。	进出口业务操作,跨境电商实务,国际贸易实务
	英语翻译能力	(1)熟悉涉外岗位口笔译翻译工作涉及的行业术语、概念、基本知识和基本技能；(2)掌握作为翻译人员应该具备的基本行为规范准则；(3)熟练掌握各种新技术、新设备、新系统以提高学习和工作的效率,包括速记、基本通信设施的应用知识。	能熟练运用英语进行信息交流和独立处理业务文件能力；能够承担一般性的正式和非正式会谈或外宾日常生活的口译工作；能在熟悉的展会和商务谈判过程中进行口笔译服务；能够就一般难度的材料进行英汉互译；具有基本的文化礼仪常识和具体场合应对能力,能协助领导进行管理,及时处理工作中出现的有关问题。	中级口译证书,商务翻译实务
	英语培训服务能力	(1)掌握教育教学的基本规律和基本知识,具备教师的基本素质和能力；(2)掌握英语教学理论知识,以及指导学生学习语言的策略和技巧,强调学习过程的语言教学方法和语言学习评价理论等教学实践知识；(3)了解学生心理发展及语言学习的特点	能围绕教学目标并针对学生情况较为科学合理地选择教学内容,进行教学设计和教案撰写；能较为流利地用英语组织课堂教学,有针对性地采用艺术教育技能,营造生动活泼的课堂气氛；能较为客观全面地进行教学评价及教学反思,并做出相应的反馈和调整；能制作美观实用的英语课件及教具,会熟练运用现代化教学手段进行英语教学；能细心观察、分析学生课堂表现及行为,能理解学生心理及语言发展状况；能较为有效地进行师生及家校沟通,协调相关关系。	英语教学设计与课堂实践

(九)实践教学体系与职业能力

1.递进培养模型

表 3-13　应用英语专业复合型人才递进培养模型

	岗位实践能力	综合实践能力	
英语听、说、读、写、译基本应用技能和涉外岗位基本应用能力	外贸业务初步实操能力——→外贸业务综合操作与管理能力		实用英语口语竞赛、实用英语写作竞赛、全国大学生英语竞赛、职业学校创新、创业大赛
	货代业务初步实操能力——→货代业务综合操作与管理能力		
	初级翻译能力——→综合翻译能力		
	辅助英语教学能力——→英语相关教学与管理能力		
专业群平台岗位群平台	岗位方向模块	岗前综合实训　毕业综合实训	学科技能竞赛与创新

2.实践能力与支撑课程对接表

表 3-14　实践能力与支撑课程对接表

实践能力类型	能力描述	对接课程
专业基本技能	1.英语听说能力:能听懂英语国家人士关于日常生活和社会生活的谈话以及题材熟悉的报道或讲座,并能与英语国家人士进行一般的日常会话和事务性讨论,语言基本得体 2.英语读写能力:能读懂难度中等的英语读物,掌握中心大意,抓住有关细节和要点,正确领会作者意图;能根据作文题目、提纲或图表、数据等写作,文章内容切题、条理清楚,语言通顺 3.英语翻译能力:能借助词典翻译难度中等以上的英语文献资料且表达流畅、确切,能胜任一般性的口笔译工作	1.基础英语听力 2.基础英语口语 3.基础英语阅读 4.基础英语写作 5.基础英语翻译 6.中级英语写作、阅读 7.高级英语写作、阅读
技术实践能力	1.计算机基本操作应用能力 2.信息搜索能力 3.业务相关软件操作能力 4.从事外贸商务活动的实践技能 5.从事翻译工作的技能	1.计算机应用 2.中级英语写作、阅读 3.高级英语写作、阅读 4.商务翻译实务 5.国际贸易实务 6.中级口译证书 7.BEC 商务英语证书

续　表

实践能力类型		能力描述	对接课程
岗位实践能力	外贸电商	1.能独立完成进出口业务的贸易磋商、签约、履约等各个环节工作的跟进 2.能撰写与缮制外贸业务中各种英文函电、单证 3.能进行涉外电子商务第三方国际平台操作 4.能运用网络营销的信息资源搜集,提供网络市场信息咨询、技术信息咨询、决策信息咨询,能进行市场调查	1.进出口业务操作 2.跨境电商实务 3.国际贸易实务
	外贸物流	1.能够进行外贸业务操作 2.能运用国际物流方面的专业知识和操作技能,进行国际海运和国际航空运输承运业务基本操作 3.能进行国际海运、国际航空运输等货代业务的基本操作	1.进出口业务操作 2.国际货代业务操作1-2 3.国际贸易实务 4.国际物流实务
	英语翻译	1.能够承担一般性的非正式会谈或外宾日常生活的口译工作 2.能够就一般难度的材料进行英汉互译,能借助工具书对有一定专业难度的材料进行笔译 3.能承担应用较多的场合的专业翻译工作	1.中级口译证书1-2 2.商务翻译实务 3.中高级英语听力、口语、阅读、写作 4.基础英语翻译
专业综合能力	外贸电商	1.能熟练运用英语独立完成进出口业务操作全过程,并善于总结经验和不断提高工作效率 2.能运用英语熟练进行涉外电子商务第三方国际平台操作,并不断开拓业务 3.具有良好的文化修养和跨文化交流意识及团队协作精神,并具备一定的管理能力	1.进出口业务操作 2.跨境电商实务 3.国际贸易实务 4.职业素质与职业发展 5.中高级英语听力、口语、阅读、写作
	外贸物流	1.能运用英语熟练进行外贸物流操作 2.能用英语作为语言工具进行国际物流操作、国际海运和国际航空运输承运业务操作,并不断提高工作效率 3.能用英语熟练进行国际海运、国际航空运输等货代业务的操作并具备解决问题的能力	1.进出口业务操作 2.国际物流实务 3.国际货代业务操作1-2 4.国际贸易实务 5.职业素质与职业发展 6.中高级英语听力、口语、阅读、写作

续　表

实践能力类型		能力描述	对接课程
专业综合能力	英语翻译	1.能够根据相关接待礼仪承担各种正式和非正式的会谈和外宾接待等翻译工作 2.会根据原文的题材和文风翻译难度一般的英语文字材料 3.能承担多种涉外工作的翻译任务,完成情况良好	1.基础英语翻译 2.中级口译证书1-2 3.商务翻译实务 4.职业素质与职业发展 5.中高级英语听力、口语、阅读、写作

九、专业核心课程

表 3-15　专业核心课程简介

序号	课程名称	简　要　说　明
1	高级英语口语	本课程以大量的英语综合口语交际训练为主,结合日常生活、涉外商务、外贸业务以及翻译过程中的具体情境,训练学生在特定情境和场合中较流利、得体地进行口头交流交际的能力,包括回应对方的交流内容、陈述自我观点,甚至参与辩论。达到能够进行连续5分钟以上较流利的陈述,以及基本无障碍地跟英语本族语人士沟通的目的。
2	高级英语阅读	本课程重在培养学生以英语为语言工具获取自身生活娱乐和专业、工作等所需的信息的能力。课程通过对学生阅读技能和策略的培养,让学生掌握快速阅读与仔细阅读这两种不同的阅读方式,以及能够分析文章的篇章布局,使用不同的阅读技巧,体会不同文章体裁的语言特点。让学生通过阅读大量的英语中短篇小说、英语网络资讯、专业相关英语材料等,全面提高学生的英语综合阅读理解能力,最终达到以英语为工具获取专业所需信息的能力。
3	国际贸易实务	该课程是一门专门研究国际商品交换具体操作过程,具有涉外活动特点的实践性很强的课程。重点在于掌握国际贸易磋商函电书写、国际贸易合同条款订立与审核、根据不同贸易术语选择合适运输、保险、支付条款、基本商品价格成本核算和国际贸易惯例及法律等。课程分为理论教学和实务模拟操作两大部分,既突出理论教学对实际业务指导的作用,又针对性地开展国际贸易各环节的操作应用,锻炼学生的动手能力,突出高职教学特色,以满足进出口业务相关岗位对国际贸易基础和技能的基本要求。

续　表

序号	课程名称	简　要　说　明
4	跨境电商实务	该课程要求学生掌握中英文基本的电子商务术语及相关知识,熟悉国际电子商务网站建设和管理、网上信息收集与处理、涉外电子商务等专业知识和专业技能,能熟练应用电子商务技术开展涉外电子营销活动,具有一定的网络营销策划与运作能力、一定的涉外商务谈判与商品网络推销能力,具备较强的从事网上商品交易与服务、网上金融汇兑等涉外电子商务活动的能力,同时培养一定的创新能力和商务策划能力。
5	商务翻译实务	该课程旨在通过项目化教学方法让学生掌握商务活动中所涉及的常见商务文本的文体特点、结构特点和语言特征及采用的不同翻译原则、翻译策略和方法,从而培养学生商务翻译的实用能力。利用情景化、项目化教学模式,使学生置身于真实的商务活动场景中,进行英语翻译实践,并且以工学相结合的方式,把学生安排到外企和商务洽谈会的现场从事商务活动的英语翻译,有效地培养学生的英语翻译应用能力,克服以往翻译教学中理论和实践相脱节的问题。
6	进出口业务操作	该课程是一门专门训练学生进出口业务动手能力的课程。根据外贸岗位外语语言要求,对进出口业务流程中有需要英语应用的环节(如发盘、起草合同等),通过双语讲解专业英语在特定专业环境中的应用,通过进出口准备工作,进出口报价核算与发盘操作,进出口还价核算与还盘操作,接受与进、出口签约操作,办理进口批件,催证审证与改证操作,签订内贸合同与备货生产操作,租船订舱操作,制单审单与收汇操作,开证操作,办理保险,接货工作,报关报检操作,进出口业务善后工作等工作环节的训练,使学生能全面掌握外贸进出口流程中各环节的工作任务。本课程注重实用性和应用性,学生在课程中能接触到实际的业务内容。

十、专业实践环节课程

表 3-16　专业实践环节课程简介

序号	课程名称	简　要　说　明
1	岗前综合实训	本课程是安排学生到相应工作岗位实地学习、初步接触、熟悉岗位的过程,帮助学生明确岗位实习的要求、目标、任务等相关内容,认识自己的工作岗位,并填写实习报告,把自己的收获、感受、问题反映在实习报告中,从而让学生在以后的学习中目标更明确,在知识、能力和素质提高的各个方面更有针对性,是工学结合的教学理念的体现。本课程是学生学习过程中理论与实践对接的一门课程,可以帮助学生先行对工作环境和工作岗位有所熟悉和融入,为下一步顶岗实习的顺利开展奠定基础。

续　表

序号	课程名称	简　要　说　明
2	顶岗实习	该课程设计以培养学生岗位实践能力为总体目标,基于校企合作、工学结合的实践教学平台,使学生在掌握基础知识和技能训练的前提下,在与职业方向对应的真实的工作环境和工作岗位上,主要包含外贸相关岗位、国际物流相关岗位、翻译岗位和语言培训相关岗位,由企业指导教师执导,训练相关岗位就业人员应具备的各项岗位技能和综合能力与素质,同时有针对性地收集与毕业设计有关的资料,达到人才培养的总体目标,为毕业后顺利就业上岗做好充分的准备。
3	毕业综合实践	该课程要求学生综合运用顶岗实习中在外贸相关岗位所学知识和所具备的实践工作技能,针对实际工作中碰到的典型问题,有针对性地提出合理的解决方案。结合运用所学的语言知识和专业知识、技能完成毕业综合设计,以培养学生运用知识与技能解决实际工作问题的综合能力,从而全面提高学生职业素质和就业竞争力。

十一、专业能力及职业资格证书要求

表 3-17　专业能力及职业资格证书要求简介

职业范围 (工作岗位方向)	就业岗位	职业资格证书	发证机关
外贸电商物流方向	外贸跟单员	全国跟单员资格证书	商务部中国对外贸易经济企业合作协会、中国商业技师协会等
	电子商务经营管理岗位	中国电子商务职业经理人	中国电子商务协会
	网络营销岗位	网络营销岗位培训证书	人力资源和社会保障部教育培训中心
	货代业务员/商务/客服岗位	外贸物流员	商务部中国国际贸易学会
	货代操作岗位	国际货代员	商务部中国国际货运代理协会
英语翻译方向	口笔译岗位	全国翻译专业资格证书	国家人事部、中国外文局、人力资源社会保障部
		上海口译证书	上海市委组织部、上海市人事局、上海市教育委员会

十二、课程学时学分分配表

表 3-18　课程学时学分分配表

课程分类		学分	比例(%)	学时	比例(%)
必修	通识平台	24	20.69%	519	20.23%
	专业群平台	36	31.03%	782	30.49%
	岗位群平台	14	12.07%	238	9.28%
	小计	74	63.79%	1539	60.0%
选修	工作岗位方向模块课程	32	27.59%	856	33.37%
	任意选修课程	10	8.62%	170	6.63%
	小计	42	36.21%	1026	40.0%
总计		116	100%	2565	100%

十三、课程设置及教学进程总表

表 3-19　课程设置及教学进程总表

课程性质	课程类别	课程名称	学分	学时	第一学期	第二学期	第三学期	第四学期	第五学期	第六学期
必修	通识平台	思想道德修养与法律基础	3	51		51				
		毛泽东思想和中国特色社会主义理论体系概论	3	51	51					
		思想政治理论课实践教学	1	17		17(与社会实践相结合)				
		形势与政策	1	17		17(详见《职业素质与职业发展》课程设置一览)				
		职业素质与职业发展	3	51		51(详见《职业素质与职业发展》课程设置一览)				

续　表

课程性质	课程类别	课程名称	学分	学时	第一学期	第二学期	第三学期	第四学期	第五学期	第六学期
		专业素质公司制平台养成	2	34	34（第二课堂完成）					
		大学生心理健康	1	17		17				
		计算机应用	2	51		51				
		体育健康 1-2	2	68	34	34				
		体育俱乐部	2	68			68（第二课堂完成）			
		体质健康测试					每年			
		军训	2	60	2 周					
		大学语文	2	34	34					
		小计	24	519						
	专业平台	基础英语听力 1-2	4	102	51	51				
		基础英语口语 1-2	2	68	34	34				
		基础英语阅读 1-2	4	102	51	51				
		基础英语写作 1-2	4	68	34	34				
		基础英语翻译 1-2	4	68	34	34				
		中级英语听力	1	34			34			
		中级英语口语	1	34			34			
		中级英语阅读	2	34			34			
		中级英语写作	2	34			34			
		高级英语听力	1	34				34		
		★高级英语口语	1	34				34		
		★高级英语阅读	2	34				34		
		高级英语写作	2	34				34		
		二外（法语 1-2、日语 1-2、德语 1-2、西班牙语 1-2）	6	102			34	68		
		小计	36	782						

续　表

课程 性质	课程 类别		课程 名称	学分	学时	第一 学期	第二 学期	第三 学期	第四 学期	第五 学期	第六 学期
	岗位群 平台		★跨境电商实务	2	34				34		
			★国际贸易实务	2	34		34				
			★商务翻译实务	2	34			34			
			国际物流实务	2	34			34			
			基础会计	2	34				34		
			雅思英语入门	2	34		34				
			跨文化交际	2	34	34					
			小计	14	238						
必选	模块课程	工作岗位方向模块	外贸模块 ★进出口业务操作	3	51			51			
			外贸网络营销实务	2	34				34		
			BEC 商务英语	3	51				51		
			物流模块 进出口业务操作	2	34			34			
			国际货代业务操作	3	51				51		
			BEC 商务英语	3	51				51		
			翻译模块 英语笔译	2	34			34			
			英语口译	3	51				51		
			中级口译证书	3	51				51		
			岗前综合实训	4	120					4 周	
			顶岗实习	16	480					12 周	4 周
			毕业设计	4	120						4 周
			小　计	32	856	学生从以上三个工作岗位方向模块中任意选择一个模块,修完该模块所有课程;同时修完岗前综合实训、顶岗实习、毕业设计三门课程					
任意选修课	人文素质及通识选修课		专业应用文写作	2	34				34		
				2	34	学生至少选择一门相关选修课程,修完至少2个学分,详见《通识类选修课设置一览表》《人文素质类选修课设置一览表》					
				4	68						

续　表

课程性质	课程类别	课程名称		学分	学时	第一学期	第二学期	第三学期	第四学期	第五学期	第六学期
分类培养选修	专升本型	专升本英语辅导		3	68					34	34
		大学语文（专升本辅导）		3	51					34	17
	国际型	国外专升硕课程		6	153			51	51	51	
	复合型		外贸单证实务	3	51			51			
			外贸英语写作	2	34			34			
			商务谈判技巧	2	34				34		
			国际市场营销	2	34			34			
			英语课堂设计与实践	3	51				51		
			多媒体设计与制作	3	51				51		
			英语演讲与口才	3	51				51		
			国际贸易法律风险防范	3	51					51	
			英语口语竞赛	2	68	这四门选修课程为接轨相应学科竞赛以及语言特长的培育课程，学生必须为有相应特长学生，开课时间视具体情况而定					
			英语写作竞赛提高课程	2	68						
			二外（法语、日语、德语、西班牙语）提高课程	2	68						
			全国大学生英语竞赛提高课程	2	68						
			小计	6	102	学生从以上分类培养类型中选择一个类型，每一类型选择课程达到至少6学分和102课时					
	第二、第三课堂活动					包括：自主学习、社会实践、社团活动、学科技能竞赛、考证考级、科技活动、创新创业实践活动等					
				10	170						
				116	2565						

第二节 应用英语专业核心课程教学标准示例

一、基础英语听力(1-2)

(一)课程性质与任务

基础英语听力(1-2)课程是应用英语专业平台必修课。本课程以培养高职学生在不同工作岗位的基本语言交际能力为主线,由基本听说能力的培养过渡到以职业为依托的语言交际能力的培养。该课程旨在通过特定的话题训练学生倾听和理解英语材料内容的能力,兼培养学生在英语说、写和译等方面的综合能力和更强的英语实际应用能力。

本课程是基础应用英语专业平台听力技能训练课,开设在应用英语专业学生第一学年两个学期,共 4 个学分、102 个学时。该课程与平行课程英语阅读(1-2)、基础英语口语(1-2)、基础英语翻译(1-2)等单项技能课程相互独立,又有交叉与重复,它们相辅相成,都以培养和提高学生语言能力为最终目的。同时作为平台课程,本课程为后续的中级英语听力和高级英语听力做铺垫,贯穿于应用英语专业学生在校学习始末。本课程与前后续课程衔接得当。

(二)设计思路

本课程教学的思路是以学生大学生活为主线贯穿始终的(课程中设立的平行学习模块群,模块之间是并列的关系,主要以大学生在大学校园里学习、生活、交友中涉及的话题展开,学生在学完课程之后,能顺利地用学到的知识、能力和素质进行日常交际,并为模块课程中的岗位英语视听说打下基础),教学过程中以两条线并行的方式开展教学。

一条线是在进行每个学习模块的话题听力训练时,布置各个小型任务,即听力的对象由简单到复杂,由浅入深,由点到面,从简单的辨别易混淆的音素开始,到单词的辨音,再到句子、段落的理解,逐渐过渡到整篇篇章的理解,通过一系列循序渐进的训练来完成一个任务。

另一条线则是在进行培养学生听力能力的单项技能训练时,遵照人体的记忆过程"接收→解码→记录→编码→表达",使学生在听到材料时学会接收有效信息,记录要点和有关细节,推理并分析说话者真实意图,总结概括所听材料内容,最终以口头或书面形式进行表达。能力之间是递进式的,共同形成一个完整的听的能力训练,符合人体的记忆过程。

(三)课程培养目标

该课程总体目标旨在培养学生掌握英语语言基础知识,在听懂词、句的基础上,着重培养学生在语篇水平上的理解能力;树立较强的自信心,形成克服困难的意志,乐于与他人合作,养成和谐与健康向上的品格,在英语交流中能够理解并尊重他人的情感;能了解并尊重异国文化,体现国际合作精神。

经过本课程的训练,学生应能达到下列具体要求:

1. 知识目标

掌握较为系统的语音语调知识;掌握强读、弱读的发音区别;掌握音的同化、省略、连读的发音技巧;掌握语句重读及升降调的相关知识;掌握大学生学习生活中涉及的相关话题中常用的英语表达;熟悉短对话、长对话、英语新闻的语言特点;掌握英语听力的多种技巧和方法。

2. 能力目标

能够正确辨读英语的语音语调;能够正确辨听单词和句子的强读、弱读;能够正确辨读音的同化、省略、连读;能够通过辨听语句重读及语调猜测说话者的态度;能根据语调和重音理解说话者的意图;能熟练运用听力技巧提高听力能力;能识别语段中的重要信息并进行简单的推断;能用课文中所听到的一些词语和句子口头表达或复述;能听懂各类主题的英语文章并对课文内容进行小结。

3. 素质目标

通过基于语言话题的听说训练,培养学生对英语语言学习的兴趣;具备正确的成功观,树立正确的校园恋爱观;具备良好的团队合作精神;培养热爱学习,树立终身学习的志向;具有尊重文化差异,热爱发扬优秀的传统文化的意识;培养健康的心理素质和乐观的人生态度,树立正确的人生观、价值观和世界观。

(四)课程内容和要求

表 3-20　基础英语听力(1-2)课程内容及要求

序号	项目名称	任务	知识、能力、素质要求	课时
1	关于大学生活的听说训练	1.掌握英语单词、词组的重音的读法； 2.掌握数字基数词读法； 3.熟悉听懂大一新生关注的校园设施和服务。	知识目标： 1.掌握重音发音的规律； 2.掌握数字的基数词读法； 3.掌握有关校园生活和教学服务设施的英语的表达方式。 能力目标： 1.能够正确朗读单词或词组的重音； 2.能够准确地辨别数字读音； 3.能够听懂关于校园生活的词汇和表达法； 4.能够询问和答复关于校园设施服务的获取和应用。 素质目标： 1.具有严谨的学习态度； 2.具有勤奋专研、克服困难的精神； 3.具有积极向上、乐观的态度。	6
2	关于爱的理解和正确态度的听说训练	1.听懂听力材料中关于爱的主题的故事； 2.掌握不同情绪的英文表达； 3.熟悉如何表达自己的感情。	知识目标： 1.掌握如何表达自己感情和不同情绪的词汇和句型； 2.熟悉表示大学生活及正确处理友情和爱情的英文表达法和关键词。 能力目标： 1.能够掌握爱的四种不同层次的相关词汇和表达式； 2.能够听懂一些涉及不同角度的关于爱的听力材料； 3.能够针对不同爱的主题发表自己的观点。 素质目标： 树立正确的爱情观、大学生校园恋爱观。	6

续 表

序号	项目名称	任务	知识、能力、素质要求	课时
3	关于电子时代的生活的听说训练	1.辨认和学习英语升调； 2.听懂常用电子产品的功能和操作； 3.听懂电子产品对当代生活的影响。	知识目标： 1.掌握升调的发音规则和适用场所； 2.掌握常用电子产品的主要功能的单词和表述； 3.掌握常用电子产品的主要操作的单词和表述。 能力目标： 1.能够熟练辨析并实际使用升调； 2.能够听懂常用电子产品的主要功能； 3.能听懂常用电子产品的常见的操作方法； 4.能够用英语描述某种电子产品，介绍其主要功能和操作方法； 5.能够表达自己对电子产品的印象和态度。 素质目标： 培养学生树立对电子产品的正确态度和客观的认识。	6
4	关于教育话题的听说训练	1.辨认和学习英语降调； 2.易混淆数字听辨； 3.听懂有关教育的理念； 4.掌握终身学习的方法。	知识目标： 1.掌握降调的发音规则和使用场所； 2.掌握辨别容易混淆的数字（13，30,40,14,15,50 等）的听力方法； 3.掌握主要的教育理念的英文表达； 4.掌握有关终身学习的方法。 能力目标： 1.能够熟练辨析并实际使用降调； 2.能够熟练地对容易混淆数字进行辨音； 3.能够正确听懂关于教育主题的段落文章； 4.能够用所学词汇表达自己对教育问题的认识； 5.能够熟练运用英文阐述对终身学习的态度。 素质目标： 培养学生热爱学习、终身学习的理念。	6

序号	项目名称	任务	知识、能力、素质要求	课时
5	关于成功话题的听说训练	1.语音语调的综合巩固学习； 2.用英语表述成功的不同定义； 3.听取有关促成成功的因素的短文； 4.听懂成功人物的介绍和其成功经验分析的短文。	知识目标： 1.掌握运用句子中重音语调的发音规则； 2.熟悉描述成功概念的英语表达； 3.熟悉成功具备的基本要素的英语表述。 能力目标： 1.能够辨听模仿并综合运用句子中重音语调的正确发音方法； 2.能够听懂关于成功人物介绍的听力材料，并能用所学词汇和表述进行描述； 3.能够听懂有关成功案例分析的英语听力资料，并学习重要的词汇和表述。 素质目标： 培养学生正确的成功观念，并树立良好踏实的成功途径和务实的素养。	6
6	关于参与学生会组织和社团的听说训练	1.能正确使用英语表述和听懂电话号码； 2.能用英语接听电话； 3.听懂有关参加学生会和社团的短文。	知识目标： 1.熟悉英文电话号码的各种表达方式； 2.听懂关于接打电话的英语材料，并准确记录重要信息如时间、地点、人物等； 3.掌握关于接打电话的常用英语表达； 4.掌握各种学生社团名称的英语表达； 5.掌握关于参加学生会或社团的英语材料。 能力目标： 1.能够熟练辨别英文中的电话号码表达方式； 2.能够听懂并用英语接打电话； 3.能够听懂关于参加学生会或社团的英语材料； 4.能够用英语询问关于学生会或社团的情况并表达自己的意愿。 素质目标： 培养学生积极参加学生会和各个社团的积极性。	6

续　表

序号	项目名称	任务	知识、能力、素质要求	课时
7	关于中外流行文化的听说训练	1.能正确用英文介绍典型的流行文化和传统文化； 2.能理解关于日期的中英表达差异； 3.能表述中西方风俗习惯的差异。	知识目标： 1.掌握介绍流行文化和传统文化的英语用法； 2.了解有关日期的中英文表达差异； 3.掌握有关中西方风俗习惯的英语材料中常用的词汇和句型。 能力目标： 1.能够用所学英语单词介绍某种文化现象或形式； 2.能够区分有关日期的中英文表达差异； 3.能够快速准确地记录所听英文短文中的日期； 4.能够听懂关于英美国家文化禁忌的约为120字的篇章； 5.能够就某一中西方风俗习惯的差异展开讨论。 素质目标： 培养学生的爱国心，注重弘扬中华习俗，尊重不同文化的差异。	6
8	关于中外节日风俗的听说训练	1.掌握连读的发音规律及辨读； 2.掌握不同语气代表的含义； 3.学会用英语介绍中西方主要节假日。	知识目标： 1.掌握辅音连缀和双连音的发音规则； 2.掌握如何通过一些关键词来判断对话中说话者的语气和态度； 3.了解有关中西方主要节日的来源以及节日庆祝方式。 能力目标： 1.能够正确辨别辅音连缀和双连音； 2.能够通过一些关键词来判断对话中说话者的语气和态度； 3.能够听懂有关中西方节假日的英语材料； 4.能够就中西方节假日的话题用英语展开讨论； 5.能够模拟视频，进行简单的短剧表演。 素质目标： 1.培养学生具有继承中国传统假日文化，并了解和尊重西方不同的假日文化的意识； 2.培养与他人协调、合作的团队合作精神。	6

序号	项目名称	任务	知识、能力、素质要求	课时
9	第一学期综合复习和听说测试	听力测试	知识目标： 掌握听力和进行英语口语交流的技巧。 能力目标： 能够根据场景及时进行模拟的口头交流。 素质目标： 培养学生合作意识和探索精神。	3
10	有关网络的听说训练	1.听取与网络有关的听力材料（听、练习、校对、复述）； 2.与网络有关的口语训练； 3.大学英语四级听力训练。	知识目标： 1.掌握利用关键词理解文章主要内容的听力技巧； 2.掌握有关网络的历史； 3.掌握与网络相关的词汇和表达法。 能力目标： 1.能够通过记录关键词来理解听力材料大意； 2.能够听懂和表达与网络有关的听力材料； 3.能够在听力过程中记录关键时间信息。 素质目标： 1.培养学生课后自觉关机、清理课桌的良好习惯； 2.培养学生正确和适度使用网络的习惯； 3.培养学生辨别网络信息真伪的能力。	10

续　表

序号	项目名称	任务	知识、能力、素质要求	课时
11	有关体育的听说训练	1.听取常见的体育项目等与体育有关的听力材料； 2.听懂有关体育精神的话题讨论； 3.大学英语四级听力训练。	知识目标： 1.掌握与运动有关的词汇与表达法； 2.熟悉做操动作指令中所涉及的词汇； 3.掌握各种运动项目的英语名称； 4.了解奥运会和残奥会的相关历史。 能力目标： 1.能抓住所听语段中的关键词，理解句子之间的逻辑关系； 2.能听懂有关话题的正常语速下的演讲、讨论、新闻等，并记住要点； 3.能根据指令做出相应的动作； 4.能正确说出不少于20种运动方式。 素质目标： 1.培养学生在英语学习中有较强的自信心，敢于用英语表达； 2.培养学生具有良好的体育精神和观念。	10
12	有关交通的听说训练	1.听取问路和指路口语练习，熟悉道路指示牌及所代表的含义； 2.听取与交通有关的听力材料(听、练习、校对、复述)； 3.完成大学英语四级听力训练。	知识目标： 1.掌握与交通有关的词汇和表达法； 2.掌握问路和指路的听力技巧； 3.掌握道路指示牌所代表的含义。 能力目标： 1.能听懂气象预报； 2.能进行问路和指路； 3.能看懂道路指示牌； 4.能识别语段中的重要信息并进行简单的推断； 5.能根据话语中的线索把相关事实和信息联系起来。 素质目标： 1.培养学生的合作精神，愿意与他人分享各种学习资源； 2.培养学生养成每天听英文材料的习惯； 3.培养学生在英语学习、生活中有较强的自信心，在碰到外国友人问路时敢于用英语表达； 4.培养学生遵守交通规则的意识。	10

序号	项目名称	任务	知识、能力、素质要求	课时
13	有关经济的听说训练	1.数字英语速记练习； 2.熟悉牛市和熊市所代表的含义以及与股市相关的英语词汇信息； 3.听懂与经济有关的听力材料； 4.大学英语六级听力训练。	知识目标： 1.掌握与经济有关的词汇与相关表达法； 2.掌握与股市相关的相关表达； 3.掌握数字的英语表达法； 4.掌握英语速记的技巧。 能力目标： 1.能在听的过程中记录所提及的数字； 2.能大致听懂关于经济和股市的有关报道； 3.能在听的过程中克服一般性的口音干扰； 4.能在听的过程中克服场景的干扰。 素质目标： 1.培养学生耐心细致的良好习惯； 2.培养学生健康的心理素质和乐观的人生态度； 3.培养学生树立正确的人生观、价值观和世界观； 4.培养学生树立正确的金钱意识。	10
14	有关和平与发展的听说训练	1.学会各国际组织及其简称的英文表达； 2.听懂与和平与发展有关的听力材料（听、练习、校对、复述）； 3.大学英语六级听力练习。	知识目标： 1.掌握常见的国际组织的英文表达和简称； 2.掌握与和平与发展相关的词汇和常用表达。 能力目标： 1.能听懂有关和平与发展话题的文章和新闻报道等听力材料； 2.能听懂有关国际组织的简称； 3.能基本听懂广播、电视英语新闻的主题和大意； 4.能抓住长对话的内容要点，理解讲话人的观点和目的。 素质目标： 1.培养学生具有国际意识，培养开放性的思维和国际化的视野； 2.培养学生的爱国主义精神。	10

续　表

序号	项目名称	任务	知识、能力、素质要求	课时
15	复习	听力技巧总结与复习	知识目标： 掌握听力技巧。 能力目标： 能用所学听力技巧完成复习题目。 素质目标： 培养学生仔细认真的学习态度。	1

（五）课程实施建议

1.教材选用

本课程根据高职高专英语专业教学实践的特点，本着"实用为主、够用为度"的原则，选用了由汪榕陪主编的，复旦大学出版社 2016 年 5 月出版的《21 世纪大学英语视听说教程 1-2》（高职高专英语专业适用）。该教材为普通高等教育"十二五"国家级规划教材、高职高专英语专业立体化系列教材。

2.教学建议

本课程旨在通过系统的听力技能训练，为培养学生全面的英语交际能力奠定良好的听力基础。在课程的实施过程中，采用以学生自学为主，教师重、难点和听力技巧辅导为辅，基于任务的教学方法，根据教材中形式多样的听说练习使学生明确不同的学习任务及所要达到的目的，从而有针对性地采用有效的听力方法。课堂教学中，教师可让学生采用跟读、小组讨论、复述、情景对话、要点总结、背景知识阅读和听写等方法来全方位地提高学生的语言交际能力。同时教师在教学中辅以常用的听力方法讲解，例如听取大意、听取细节、推断信息、做笔记，并通过一定的练习使学生能够掌握运用。

此外，结合阅读、写作等单项技能课程，以及教师补充的有关英语国家的政治、经济、文化和社会知识及相关常用词汇，广泛增加学生的背景知识。具有丰富的背景知识可以帮助学生在听力理解过程中，提升预测力，增加听力理解的正确性。

3.教学评价建议

本课程教学评估包含两部分：过程性评估和终结性评估。课程总成绩采用百分制，过程性考核占 40％，课程终结考试占 60％。

过程性评估包括学生自我评估，学生相互间的评估，教师对学生的评估。教师通过课堂活动和课外活动的记录、网上自学记录、学习档案记录、访谈和座谈等形式对学生学习过程进行观察、评估和监督,促进学生有效地学习。终结性评估是指期末课程考试,占课程总成绩的 60%。

4.课程资源的开发与利用建议

在开发英语课程资源时,要充分利用信息技术和互联网络。网络上的各种媒体资源以及专门为英语教学服务的网站为各个层次的英语教学提供了丰富的资源。另外,计算机和网络技术又为学生的个性化学习和自主学习创造了条件。通过计算机和互联网络,学生可以根据自己的需要选择学习内容和学习方式。具有交互功能的计算机和网络学习资源还能及时为学生提供反馈信息。另外,计算机和网络技术使学生之间相互帮助、分享学习资源成为可能。学校还可以建立自己的英语教学网站,开设网络课程,进一步增强学习的开放性和灵活性。

除了开发本校资源以外,学校之间还可以合作开发和利用英语课程资源,另外还要充分利用社区教育资源和大学教育资源。

二、基础英语阅读(1-2)

(一)课程性质和任务

本课程是应用英语专业必修的专业核心课程之一,以培养高职学生在不同工作岗位的基础语言应用能力为主线,由日常交际能力的培养过渡到以职业为依托的语言应用能力的培养。本课程目的在于培养学生的英语阅读能力和提高学生的阅读速度;培养学生细致观察语言的能力以及假设判断、分析归纳、推理检验等逻辑思维能力;提高学生的阅读技能,包括略读、寻读、细读、评读等能力;并通过阅读训练帮助学生扩大词汇量,增强语感,不断积累各种语言知识,加深文化沉淀。阅读课教学应注重阅读理解能力与提高阅读速度并重。

本课程是一门英语阅读技能训练课,开设在应用英语专业学生第一学年两个学期,共 4 个学分、102 个学时。该课程与基础英语听力(1-2)、基础英语写作(1-2)、基础英语翻译(1-2)、基础英语口语(1-2)等单项技能课程为平行课程,课程之间相辅相成,都以培养和提高学生语言能力为最终目的。基础英语阅读(1-2)突出培养学生运用英语的阅读能力,本课程为后续的中级英语阅读和高级英语阅读做铺垫,后续课程为各职业能力模块课程,将英语基本知识和技能学习拓展到各种职业能力技能培养上。本课程与后续课程衔接得当。

(二)设计思路

本课程以高职应用英语专业的学生就业为导向,在行业专家的指导下,对从事外贸、外贸物流、电子商务、翻译、涉外文秘、培训等商务工作英语应用情况和应用领域进行分析,坚持"实用和够用"原则,以工作场合的实际需要为目标,以英语阅读为主,重点培养和提高学生实际运用语言进行阅读的能力。教学过程中,以阅读技能训练项目为主,将课内和课外活动结合起来,根据学生的认知特点,采用递进与并列相结合的结构来开展教学活动,通过阅读技巧讲解、课内阅读精读、课外阅读泛读等各种活动项目来组织教学,倡导学生在阅读项目活动中掌握岗位技能和知识。

课程的总体设计基于混合式教学模式,基于阅读话题,采用互动式教学,授课形式突破传统的精读式泛读模式,以学生为中心,让学生积极参与到授课内容和活动中。根据泛读材料的多样性选择合适的互动方式,注重阅读理解能力与提高阅读速度并重。授课内容选用题材广泛的阅读材料,向学生提供广泛的语言和文化素材,拓展学生知识面,培养阅读兴趣。课外指定长篇简易读物和浅显原著,培养学生细致观察语言的能力,要求学生定期写读书报告。安排定期的时文阅读,拓展知识面的同时可以更新词汇。

(三)课程培养目标

本课程总体培养目标是在英语基础知识和基本阅读技能方面对学生进行综合性、全面性严格培训,培养学生综合运用英语阅读技能技巧,使学生具有较强的阅读能力,为学生准确熟练地掌握运用英语语言、学好其他的岗位模块课程打下扎实的基础。通过让学生自主构建部分学习内容,培养学生自主学习意识和能力,使日后终身学习成为可能。

1.知识目标

掌握有关大学生活、情感、网络技术、教育、成功、食物与健康、动物、体育精神、志愿服务、价值观等话题的常见词汇和表达法,掌握仔细阅读的多种阅读技巧、方法和撰写篇章小结的方法,掌握快速阅读的阅读技巧,掌握构词法、猜词技巧、句子与句子的关系、话题与话题句、要旨、推理与判断、文体与风格等阅读理论内涵;了解国外风俗、文化知识。

2.能力目标

能用课文中所学到的一些词语和句子口头表达或复述,能用英语表述国外的一些风俗和文化常识,能熟练运用阅读技巧,在8分钟内速读700词左右中等难度的记叙文、说明文、议论文等文章,掌握文章大意,并对课文内容进行小结;能使用构词法、猜词技巧、句子与句子的关系、话题与话题句、要旨、推理与判断、文体与风格等阅读方法完成阅读材料的阅读理解。

(三)素质目标

培养学生通过阅读具备良好的人文素养和较宽的知识面,具备健康的心理素质和乐观的人生态度,树立正确的人生观、价值观和世界观,具备独立思考与创新能力,具备国际意识,培养开放性的思维和国际化的视野;培养团队合作精神;激发语言学习的热情,形成对英语文化正确的看法。

(四)课程内容、要求

表 3-21 基础英语阅读(1-2)课程内容及要求

序号	项目名称	任务	知识、能力、素质要求	课时
1	College life	1.完成"A Day in the Life of a College Student"的篇章阅读文章; 2.完成快速阅读文章; 3.完成"Does Your GPA Really Matter"的篇章阅读文章。	知识目标: 1.掌握关于大学生活新体验的篇章阅读材料阅读技巧; 2.掌握大学生活新体验阅读篇章的语言知识; 3.掌握仔细阅读的阅读技巧; 4.熟悉平均绩点分——拓展性阅读实践的语言知识; 5.掌握快速阅读——略读、扫读的方法。 能力目标: 1.能运用阅读技巧(skimming/略读、scanning/扫读)找出关于大学生活新体验篇章阅读相关阅读问题的答案; 2.能灵活应用阅读篇章所学的重点词组造句翻译; 3.能通过找定位词、信号词等方法在规定的时间完成阅读题目; 4.能掌握平均绩点分的分类,概括平均绩点分的概念; 5.能使用略读和扫读的方式完成快速阅读训练。 素质目标: 1.培养学生树立正确的人生观、价值观和世界观; 2.培养学生仔细认真的学习态度。	10

续　表

序号	项目名称	任务	知识、能力、素质要求	课时
2	Love	1.完成"Can't Forget your First Love"的篇章阅读文章；2.大学英语四级阅读训练；3.完成"College Dating Tips for Student Couples"的篇章阅读文章。	知识目标： 1.了解与爱情相关的重点词汇； 2.掌握恋爱四阶段的不同英语表达法； 3.熟悉通过关键词的方法理解文章细节的阅读方法； 4.掌握文章摘要题的阅读方法； 5.了解15选10选词填空题的基本做题技巧。 能力目标： 1.能正确识记和运用所学的重要词汇、句型； 2.能用英语简单介绍、讨论初恋相关话题； 3.能使用快速阅读的方法完成雅思阅读题目； 4.通过辨识论点和论点排序来完成阅读理解，还原原文； 5.能够运用分析词性、句法的方法完成一些15选10选词填空题。 素质目标： 1.培养学生树立正确的恋爱观； 2.培养学生形成良好的中外恋爱观。	10
3	Life in E-era	1.完成"Is the Internet Really Killing Family Life"的篇章阅读文章；2.大学英语四级阅读训练；3.完成"How Technology is Affecting Interpersonal Relationship"的篇章阅读文章。	知识目标： 1.掌握与网络有关的英语词汇及英语表达法； 2.了解网络在日常生活中的广泛应用； 3.掌握英语文章仔细阅读技巧——找细节； 4.熟悉《互联网真的损害家庭生活吗》的文章大意和结构； 5.熟悉《科技如何影响人际关系》的篇章阅读大意。 能力目标： 1.能用英语描述网络时代的特点； 2.能用英语讲述网络对人类生活的影响； 3.能运用阅读技巧找文章细节内容的方法，理解文章大意，找出相关问题的答案，分析文章段落大意； 4.能阅读题干，找出细节，理解有关"互联网真的损害家庭吗"的话题阅读材料； 5.能应用课文重点词汇完成语言综合训练任务。 素质目标： 1.培养学生良好的网络安全意识； 2.培养学生良好的家庭观念； 3.培养学生仔细认真的良好学习态度。	10

序号	项目名称	任务	知识、能力、素质要求	课时
4	Education	1. 完成"We Are Raising Children, Not Flowers"的篇章阅读文章； 2. 大学英语四级阅读训练； 3. 完成"Why Chinese Mothers Are Superior"的篇章阅读文章。	知识目标： 1.掌握与家庭教育有关的词汇； 2.掌握对教育问题的表达法； 3.阅读"我们是在抚养孩子不是在浇花"来了解教育的重要性； 4.熟悉掌握阅读技巧——skimming/略读、scanning/扫读； 5.阅读"中国母亲为何更胜一筹"以熟悉中西方教育差异。 能力目标： 1.能用英语描述中国的家庭教育特点，描述自己所受的教育方式； 2.能使用所学有关教育的词语完成语言训练任务； 3.通过运用阅读技巧（skimming/略读、scanning/扫读）找出相关问题的答案； 4.通过阅读文章细节，能用英语谈论自己对家庭教育的看法； 5.能总结概括中西方教育差异。 素质目标： 1.培养学生形成正确的中外教育差异观； 2.培养学生具有感恩之心； 3.培养学生具有良好的跨文化交际意识。	10
5	Success	1. 完成"A Simple Life Well Lived"的篇章阅读文章； 2. 大学英语四级阅读训练； 3. 完成"I Will Act Now"的篇章阅读文章。	知识目标： 1.掌握与成功有关的英语词汇及描述成功方式、成功人士特点和成功人士作为的英语表达法； 2.了解成功的不同定义和理解； 3.掌握英语文章快速阅读及运用阅读技巧——构词法、猜词技巧、句子与句子的关系技巧； 4.掌握《现在就行动》的文章结构和大意； 5.掌握《过上充实简单生活》的文章结构及大意。 能力目标： 1.能用英语描述成功方式、成功人士特点和成功人士作为； 2.能用英语描述自己对成功的理解； 3.能运用阅读技巧——构词法、猜词技巧、句子与句子的关系来理解文章大意；	

续　表

序号	项目名称	任务	知识、能力、素质要求	课时
			4. 能通过关键词和细节表述的方式总结"现在就行动"篇章阅读的段落大意和文章结构； 5. 能撰写《过上充实简单生活》的文章小结。 素质目标： 1. 培养学生形成良好的成功观； 2. 培养学生具有创新意识； 3. 培养学生具有正确的人生观、价值观、世界观。	10
6	第一学期总结与评价	复习总结	知识目标： 1. 掌握本学期所学的正确的阅读技巧； 2. 掌握完成快速阅读和仔细阅读、选词填空题目的技巧。 能力目标： 1. 能独立完成大学英语四级考试中包括听力、阅读、写作等题； 2. 能在做题过程中应用相关考试技巧。 素质目标： 1. 培养学生具有诚信的学习态度； 2. 培养学生具有良好总结归纳的意识。	1
7	Food and health	1. 完成"Eating Food: That's better for you, organic or not"的篇章阅读文章； 2. 大学英语四级阅读训练； 3. 完成"Food safety and foodborne illness"的篇章阅读文章。	知识目标： 1. 掌握关于有机食物的篇章阅读材料阅读技巧； 2. 掌握有机食物阅读篇章的语言知识； 3. 掌握仔细阅读的阅读技巧； 4. 熟悉食品安全——拓展性阅读实践的语言知识。 能力目标： 1. 能用英语表达自己健康的饮食观念； 2. 能表达食物的安全性与健康体魄之间的关系； 3. 能用英语就有机食物与传统食物的优劣进行简单辩论； 4. 能就公众的食品选择习惯用英语做一份调查； 5. 能准确运用主语从句和宾语从句。 素质目标： 1. 培养学生形成健康的饮食观念； 2. 培养学生的批判性思维。	10

序号	项目名称	任务	知识、能力、素质要求	课时
8	Animals	1.完成"Loving memory:Elephant Reunion"的篇章阅读文章； 2.大学英语四级阅读训练； 3.完成"The Na-ked Ape"的篇章阅读文章。	知识目标： 1.掌握与动物相关的词汇和复杂句型以及表达方式； 2.了解动物的生存情况和动物类文化的背景知识； 3.掌握关于爱的记忆——大象的重聚的篇章阅读材料阅读技巧； 4.掌握爱的记忆——大象的重聚阅读篇章的语言知识； 5.熟悉裸猿——拓展性阅读实践的语言知识； 6.掌握名词性从句的用法。 能力目标： 1.能正确识记和运用所学的重要词汇、句型； 2.能用英语流畅地进行有关动物习性和动物保护话题的陈述； 3.能使用快速阅读的方法完成雅思阅读题目； 4.能分析课文中出现的复杂句型和段落； 5.能准确理解并运用名词性从句。 素质目标： 培养学生形成动物保护的意识。	10
9	Sportsmanship	1.完成"An uplif-ting Power"的篇章阅读文章； 2.大学英语四级阅读训练； 3.完成"The Am-ateur Ideal"的篇章阅读文章。	知识目标： 1.掌握与运动精神有关的英语词汇及英语表达法； 2.掌握与振奋人心的力量相关的词汇和复杂句子的理解翻译； 3.掌握与业余运动的理想相关的词汇和复杂句子的理解翻译； 4.熟悉《振奋人心的力量》的文章大意和结构； 5.熟悉《业余运动理想》的篇章阅读大意； 6.掌握非限制性定语从句与限制性定语从句的区别。 能力目标： 1.能用英语表达自己对运动精神等相关话题的理解； 2.能分析掌握复杂句子,并运用其中出现的相关词汇谈论文章话题；	

序号	项目名称	任务	知识、能力、素质要求	课时
			3.能分析业余运动的理想中出现的复杂句子,并运用其中出现的相关词汇谈论这一话题; 4.能准确运用非限制性定语从句与限制性定语从句; 5.能应用课文重点词汇完成语言综合训练任务。 素质目标: 1.培养学生形成良好的运动精神; 2.培养学生形成勇于克服困难的精神。	10
10	Volunteering	1.完成"A reason for living"的篇章阅读文章; 2.大学英语四级阅读训练; 3.完成"Volunteer Vacations"的篇章阅读文章。	知识目标: 1.掌握与志愿者工作、志愿者组织以及志愿者项目相关的词汇; 2.掌握《生活的理由》篇章中的相关词汇和复杂句子的理解翻译; 3.掌握《志愿者职业》篇章中的相关词汇和复杂句子的理解翻译; 4.掌握非限制性定语从句的功能及语法结构。 能力目标: 1.能用英语表达自己对志愿者工作、志愿者组织及志愿者项目等相关话题的理解; 2.能分析掌握《生活的理由》篇章里的复杂句子,并运用其中出现的相关词汇谈论这一话题; 3.能分析《志愿者职业》篇章中出现的复杂句子,并运用其中出现的相关词汇谈论这一话题; 4.能准确运用非限制性定语从句; 5.能总结概括中西方志愿活动的异同。 素质目标: 1.培养学生形成良好的社会责任感; 2.培养学生形成友善的为人观。	10

续　表

序号	项目名称	任务	知识、能力、素质要求	课时
11	Values	1.完成"Inaugural Address of John F. Kennedy"的篇章阅读文章； 2.大学英语四级阅读训练； 3.完成"Comparing Western values with changing chinese values"的篇章阅读文章。	知识目标： 1.掌握与中西方价值观相关的词汇； 2.掌握美国总统约翰·肯尼迪就职演说里的词汇和复杂句子的理解翻译； 3.掌握西方价值观和改变中的中国价值观之比较的相关的词汇和复杂句子的理解翻译； 4.掌握巩固状语从句的类型、用法和注意事项。 能力目标： 1.能用英语表达自己对中西方价值观等相关话题的理解； 2.能分析美国总统约翰·肯尼迪就职演说里的复杂句子，并运用其中出现的相关词汇对这篇著名演讲进行论述； 3.能分析西方价值观和改变中的中国价值观之比较项目中出现的复杂句子，并运用其中出现的相关词汇谈论这一话题； 4.能准确运用状语从句。 素质目标： 1.培养学生形成正确的中西方价值观； 2.培养学生具备关注时事新闻的意识。	10
12	第二学期总结与评价	复习	知识目标： 1.掌握本学期所学的正确的阅读技巧； 2.掌握完成快速阅读和仔细阅读、选词填空题目的技巧。 能力目标： 1.能独立完成大学英语四、六级考试中包括听力、阅读、写作等题； 2.能在做题过程中应用相关考试技巧。 素质目标： 1.培养学生养成良好的学习态度； 2.培养学生养成广泛阅读的习惯。	1

（五）课程实施建议

1.教材选用情况

本课程采用复旦大学出版社出版的《21世纪大学英语综合教程》，同时教师充分利用课程团队录制的翻转课堂学习视频、学习平台和多媒体教室进行教学。

2．教学建议

教学过程应突出"精讲精练"，即学生精练，教师精讲。采用灵活多样的教学方法，如任务驱动法，与学生互动起来，扮演学生的助手，营造学习氛围，推动学习活动的发生。积极组织和参与灵活多样的教学活动，把学生融入进来。

课内与课外相结合。课外时间成为学生自己学习，寻找知识和归纳利用知识的时间；课内时间就成为同学们分享各自学习成果和教师归纳总结并进行相应指导提高的阶段。这样，一方面学习时间得以保障，已有成果得以巩固；另一方面，学生也锻炼了自主学习的能力，为其他方面的学习和能力的提高奠定基础。

3．教学评价

本课程考核要形成性考核和终结性考核相结合，平时成绩与期末考试相结合，其中，平时成绩占总评成绩的 40%，期末考试成绩占总评成绩的 60%，具体评估方式见表 3-22。

表 3-22　基础英语阅读(1-2)课程教学评估表

项目	评估形式及分数	具体操作方法	计分方法	评估频率和时间
出勤及学习态度(20%)	出席课堂	分成迟到、早退、病事假和旷课	累计次数从该项分数扣除：旷课一次扣一分；迟到、早退和病事假每四次扣一分；学习态度和纪律要求学生自评和教师评价	每次上课，学期期中和期末结合评分
合作精神(10%)	小组合作	小组成员及教师记载小组讨论和小组展示的合作情况	小组组长统计小组成员对小组活动所做的贡献，教师记录展示过程中的合作情况，分别计分，取平均值	每次小组活动
课堂表现及参与提问(20%)	教师、学生监督和课堂提问	课堂提问教师每次计分	每次上课，按照本学期学习项目分类，统计每位同学10次提问的成绩，每次计分满分为100分。	

续　表

项目	评估形式及分数	具体操作方法	计分方法	评估频率和时间
课后作业（30%）	阶段性综合测试	统一印卷出题	每人单独计分；最终成绩取二次分数平均值	每学期二次；第9和16周进行
	阅读	统一试题	每人单独计分；最终成绩取五次分数平均值	每周一次
	单词	单词考查	每人单独计分；最终成绩取十次分数平均值	每周一次
小组活动（20%）	小组成员合作完成情景模拟	小组展示	7组同学根据抽签选择自己的话题，进行课堂的语言活动展示，考察学生的小组配合和语言表达能力，教师和其他小组同学分别计分，取平均值，展示总分为100分。期末取20%计分。最好成绩取两次分数平均值	每学期两次

期末考试为闭卷形式。试题考核词汇、语法结构、仔细阅读理解、快速阅读理解、词汇综合阅读理解等，覆盖面广，既考核学生的本学期掌握的英语语言基础知识，也考核学生英语实际应用能力。

4.教学资源的开发与利用

充分利用网络、多媒体课件、教材配套视听光盘等资源，同时利用"基础英语阅读1-2"蓝墨云移动教学软件，使学生的主动性、积极性和创造性得以充分调动。积极利用电子书籍、电子期刊、数字图书馆、各大网站等网络资源，使教学内容从单一化向多元化转变，使学生知识和能力的拓展成为可能。推荐学生阅读书目皆为英文简写本，只要求理解，并能复述故事内容；一般每本阅读时间为15天左右，以此增加学生的阅读量，拓宽知识面。

三、基础英语写作(1-2)

(一)课程性质与任务

基础英语写作(1-2)课程是应用英语专业群平台必修课程。该课程作为写作系列课程的入门课程，主要通过对英语句子和段落的关注，训练学生基本的写作技巧;通过分析大量话题各异、语言地道的素材,并提供详尽的有关语法、词汇、标点的讲解,帮助学生系统地学习和掌握各种基本写作技巧,打好英语写作基础。

基础英语写作(1-2)开设在应用英语专业学生第一学年两个学期,共 4个学分、68 个学时。本课程为重要基础课程,其先修课程为学生中学阶段的英语课程,后续课程有中级英语写作、高级英语写作、外贸英语写作等。该课程旨在培养学生最基本、规范的英语写作技能,帮助学生打好英语写作基本功,为后续的英语应用性文章的写作和岗位相关英语各类文体的写作奠定基础,同时写作能力的提高也有助于学生英语听说、阅读和翻译能力的提高。

(二)基本理念及设计思路

基础英语写作(1-2)课程的开设依据应用英语专业培养的人才在未来个人发展和相关工作岗位对英语写作的具体要求。基于该课程是系列英语写作课程的最基础课程,在内容选择方面结合学生原有的英语写作基础,进一步规范学生的基础写作,包括英语标点符号的进一步规范、句子的结构和不同句式、词语运用的贴切性、句子之间和段落间的合理衔接、常见应用文写作和难度等于或高于大学英语四级写作要求的各类体裁的英语作文书写等;在内容安排上采取由简单到逐步复杂,由词语到简单句再到复杂句以及段落,最后到字数 120 字以上英语小短文的写作。

(三)课程培养目标

基础英语写作(1-2)课程对于帮助学生掌握英语基本的写作要领和写作技巧,提高学生的英语基础写作水平起到关键作用,他们通过英汉两种语言的对比,在提高英语写作能力的同时更加深入了解到汉语言的魅力,为今后更好地通过文字传播中国文化打下基础。学生学习该课程后应达到以下这些具体目标。

1.知识目标

熟悉简单句、并列句、复杂句、并列复杂句的结构;掌握段落中主题句的特征和用处;掌握段落发展的八种方法及段落正确书写形式与选取题目的技巧;掌握文章中起始段落、中间段落、结尾段落的特征及作用;掌握简单的应用文写作:求职信、推荐信、邀请函、邀请卡等;掌握大学英语四六级等考试作文的形式及写作要求。

2.能力目标

能够辨别句子的完整与否,会合并或拆分简单句、并列句、复杂句和并列复杂句;能识别常见的用词、句子错误,能修改不复杂的病句;会找出段落中的主题句,并学习书写主题句;会运用段落发展的八种基本方法书写内容一致、连贯、衔接的语段;会书写常用应用文写作:求职信、推荐信、邀请函、邀请卡等;能根据大学英语四六级作文的要求,在半小时内写出150字左右的英语小作文。

3.素质目标

通过英汉两种语言的对比,帮助学生进一步认识汉语言文化的精髓,培养学生尊重与赏识母语文化的习惯;培养学生知难而进、求真务实的作风,树立起努力提高自身英汉两种语言的写作水平的决心与信心;培养学生精诚协作、互相鼓励、互相提高的团队合作精神;通过阅读与写作结合,逐步培养学生创新、思辨的能力,使其能够辩证看待外国文化,并勇担传播母语、发扬光大汉语的责任。

(四)课程内容、要求

表 3-23　英础英语写作(1-2)课程内容及要求

序号	项目名称	任务	知识、能力、素质要求	课时
1	遣词造句	1.根据情境选用适当词语; 2.合理选用较贴切词语; 3.用正确语法表达句子; 4.书写英语便条和通知。	知识目标: 1.掌握词语的指示意思、隐含意思、情感意思和搭配意义等; 2.掌握误导词的区别所在; 3.掌握英语的主谓一致; 4.掌握英语便条和通知的书写特点; 5.掌握英语中词语的不同风格用法; 6.掌握英语中人称代词的用法。 能力目标: 1.能够通过词语包含的指示意思、隐含意思、情感意思和搭配意义来基本正确地选择使用词语; 2.能够区别和使用误导词; 3.能够基本运用英语的主谓一致; 4.能够基本准确地书写英语便条和通知; 5.能够根据英语词语的不同风格比较恰当地使用词语; 6.基本会运用英语中的人称代词; 7.基本会使用英语中的修饰词和标点符号。	

续　表

序号	项目名称	任务	知识、能力、素质要求	课时
			素质目标： 1.通过英语中词语的细小意义和风格的区分等锻炼细心、耐心和追求正确的思想品格； 2.通过配对和小组合作等形式培养互相关心和帮助及团队合作的品德； 3.通过中美语言的对比培养客观分析和欣赏不同语言之美的素养。	10
2	标点符号	学会正确使用各种英语的标点符号	知识目标： 1.掌握英语标点符号的类别； 2.了解汉语和英语标点符号的异同； 3.掌握英语标点符号运用技巧要领。 能力目标： 会区分英汉标点符号的异同并合理使用标点符号。 素质目标： 培养细心、耐心、乐于学习的品质。	2
3	段落书写	1.学会句内、句间的衔接、连贯与一致； 2.学用主题句； 3.掌握段落发展的不同方法。	知识目标： 1.掌握必要的语法知识、基本句子结构； 2.掌握基本的句式变化； 3.掌握主题句的作用和特点； 4.掌握句子衔接的最基本要素； 能力目标： 1.会运用基本的句子结构； 2.会进行句式的变化，能基本连贯地衔接不同的句子； 3.会分析基本的段落结构，能使用主题句和支撑句的组织手段写出连贯清晰的段落； 4.会根据主题书写基本无重大错误的连贯的段落。 素质目标： 1.培养正确描写句子、表述健康积极的人生态度和明辨是非的能力； 2.培养对外传播汉语文化的意识。	10

续　表

序号	项目名称	任务	知识、能力、素质要求	课时
4	应用文写作	学会各种常用英语应用文的书写	知识目标： 掌握常用的英语便条、通知、各类书信、简历及备忘录等应用文的写作特点和技巧。 能力目标： 能用英语较准确书写常见英语实用文体——便条、通知、各类书信、简历及备忘录等。 素质目标： 具有积极学写英语应用文的意识，做好对外交流沟通和传播的准备。	4
5	英语短文写作	学写英语小短文	知识目标： 掌握英语议论文的开头、中间和结尾的结构特征以及主要的语言特征。 能力目标： 能够基本合理地书写英语议论文，达到结构、层次和语言的基本要求。 素质目标： 培养学生运用英语这一语言工具培养思辨性论证的能力，在对外交流时观点鲜明、立场坚定、明辨是非。	8
6	介绍段落写作	1.学写主题句； 2.学习架构段落； 3.学会写出主题一致、表达连贯的段落； 4.修改英语病句。	知识目标： 掌握段落中主题句的特征和用处。 能力目标： 1.能找出段落中的主题句，并学习书写主题句； 2.能书写内容较一致、连贯、衔接的语段。 素质目标： 能耐心、细心记忆单词和语法规则，不畏艰难，同学间互相帮助、共同提高。	6

续　表

序号	项目名称	任务	知识、能力、素质要求	课时
7	运用举例法写段落	1.学习运用多个举例及单个举例的方式架构段落； 2.学习运用多种方法连贯段落； 3.练习并学习点评四六级作文，并修改英语病句。	知识目标： 掌握运用举例法的段落结构特点技巧要领。 能力目标： 1.能运用多个举例及单个举例的方式架构段落； 2.能运用多种方法连贯段落； 3.能从内容、框架及语言等角度点评四六级作文，并修改简单的病句。 素质目标： 培养细心、耐心、乐于学习的品质。	6
8	学写含有因果关系的段落	1.学习架构含有因果关系的段落； 2.学习运用多种方法连贯段落； 3.练习并学习点评四六级作文，并修改英语病句。	知识目标： 掌握含有因果关系的段落结构特点及技巧要领。 能力目标： 1.能条理清晰、逻辑严密地架构含有因果关系的段落； 2.能运用多种方法连贯段落； 3.能从内容、框架及语言等角度点评四六级作文，并修改简单的病句。 素质目标： 培养细心、耐心、乐于学习的品质及发现问题、明辨对错的锐利眼光。	6
9	运用分类法写段落	1.学习架构运用分类写作技巧的段落及分类原则； 2.学习恰当地分类并使之连贯； 3.练习并学习点评四六级作文，并修改英语病句。	知识目标： 掌握分类法的段落结构特点、技巧要领、分类的原则。 能力目标： 1.能架构分类法的段落； 2.能运用多种方法连贯段落。 素质目标： 培养分类意识，细心、耐心、乐于学习的品质及发现问题、明辨对错的锐利眼光。	6

续 表

序号	项目名称	任务	知识、能力、素质要求	课时
10	运用对比法写段落	1.学习架构运用对比写作技巧的段落； 2.学习如何进行对比并使之连贯； 3.练习并学习点评四六级作文，并修改英语病句。	知识目标： 掌握对比法的段落结构特点及技巧要领。 能力目标： 1.能条理清晰、逻辑严密地架构运用对比法的段落； 2.能对对比类的四六级作文进行点评。 素质目标： 培养分辨异同的对比意识和细心、耐心、乐于学习的品质。	6
11	常见应用文写作	1.学写邮件； 2.学写求职信。	知识目标： 掌握邮件及求职信等应用文的写作特点和技巧。 能力目标： 能用英语较准确地书写常见英语实用文体——邮件及求职信等。 素质目标： 能够积极学写英语应用文，做好对外交流沟通和传播的准备。	4

(五)课程实施建议

1.教材选用情况

本课程教材选用邹申主编的，上海外语教育出版社出版的《写作教程1》第二版。该教材主要突出培养学生必要的写作知识及技巧，教材内容具有很强的系统性、连贯性和趣味性，注重"三结合"即"写作知识的教授与写作能力的培养相结合，写作能力的培养与跨文化交际能力的培养相结合，写作能力的培养与学生思维能力和创新能力的培养相结合"。

2.教学建议

本课程的课堂教学建议采用以学生小组讨论开展项目活动为主、教师示范讲评为辅的授课模式。根据写作能力发展的规律，课堂活动过程可按照教师先讲解演示，学生模拟练习操作，根据项目活动设计开展小组活动，教师巡视指导，学生完成写作任务后进行总结，并充分利用互联网络资源进行进一步的实践训练。同时结合有关英语学科技能节等活动，授课教师可提前组织班级参加写作竞赛，或指导学生投稿有关英语报纸、杂志、写作论坛，提高学生英语写作的兴趣。

3.教学评价

本课程评价采用过程性评价与终结性考核相结合的考核办法,强调学习过程的重要地位,成绩评定建议平时学习成绩占60%,期末考试占40%。平时成绩根据学生每一阶段课下学习任务的准备质量、课堂参与、阶段性能力训练过程和结果的评测、社团活动、比赛获奖、作品发表、出勤等各个部分综合评定打分。考试内容和范围应紧紧围绕本学期重点能力目标和知识目标,建议期末考试成绩占课程总成绩的40%。

4.课程资源的开发与利用

本课程的开发过程始终强调学习过程和学习的开放性,有关写作的理论知识讲解部分可以采用微课录制的方式,将理论知识的讲解翻转至课前,要求学生进行学习;此外,可以通过网络教学平台,收集学生的习作语料库,作为写作教学的第一手素材。结合学生学习程度,可组织教师编写实用性强、具有高职应用特色的英语写作实训教材。

四、基础英语翻译(1-2)

(一)课程的性质和任务

基础英语翻译(1-2)是应用英语专业的一门专业平台基础课程。本课程具有较强的专业性和实践性,在初步学习翻译理论的基础上着重提高学生的翻译实践能力,使学生巩固翻译的基本理论知识和方法,重视翻译实践能力的提高,为学生参加全国英语等级考试以及将来在就业岗位从事一定的翻译工作奠定扎实的基础。

本课程开设在应用英语专业学生第一学年两个学期,共 4 个学分、68 个学时。该课程与基础英语听力(1-2)、基础英语阅读(1-2)等课程为平行课程,单项技能课程有交叉与重复,相辅相成,都以培养和提高学生语言能力为最终目的。该课程的后续课程为商务翻译实务及各职业能力模块课程。

(二)设计思路

本课程以高职应用英语专业学生就业以及后续国内外继续深造为导向,在教学过程中,通过从词汇到句子到语篇——三个不同层面的翻译技巧训练,将课内和课外活动结合起来,贯穿翻转式教学理念,让学生真正带着课外活动时发现的问题来上课,在课堂上通过课内活动解决这些问题并进一步强化操练。在教学中多开展以任务为中心的、形式多样的教学活动。充分利用多媒体教学设备加大教学内容的输入量与学生的活动参与量,以实现较好的教学效果。本课程侧重汉译英的翻译技巧和方法操练。国家现在提出对外展示文化等各方面的软实力,全国大学英语等级考试中段落翻译的出现正是响应了这一号召。因此,在本课程中,汉译英将占据更多的课时分配,具体的学时分配在课程内容和要求表格中体现。

(三)课程培养目标

基础英语翻译(1-2)旨在从英汉翻译理论知识和基本技能方面对学生进行综合性、全面性严格培训,使学生初步了解翻译基础理论和英、汉两种语言的异同,并掌握常用的翻译技巧,培养基本的翻译技能,能将涵盖经济、文化、教育等领域并且难度较低的汉语段落或篇章译成英语。译文基本忠实原文,语言通顺。

1.知识目标

了解翻译基础理论;熟悉汉英两种语言在词汇和句法方面的差异;掌握汉英双向翻译中词汇翻译的技巧和方法;掌握汉英双向翻译中句子翻译的技巧和方法;熟悉英汉语篇衔接手段的种类;掌握英汉语篇衔接翻译的技巧和方法;掌握英汉翻译句法翻译的技巧和方法;掌握成语、惯用语、歇后语、俚语的翻译技巧;掌握直译法、意译法和弥补法的修辞翻译技巧。

2.能力目标

能理解英汉两种语言的差异表现;能对英、汉语进行语言对比,分析各语言结构及其相互间的逻辑关系;能用汉英双向翻译中词汇翻译的技巧基本准确地翻译文本;能用汉英双向翻译中句子翻译的技巧使译文合乎语法规范;能恰当使用语篇连接手段使译文连贯;能运用翻译理论知识与技巧对译文进行逻辑分析和校正;能应用各种句法(6种)翻译法进行翻译;能翻译常见的成语、谚语、惯用语、歇后语、俚语;能翻译含有修辞手法的词句。

3.素质目标

培养学生具备爱岗敬业、勤奋工作的职业道德素质;具备从事翻译岗位工作所具有的基本业务素质;具备健康的心理素质和乐观的人生态度,树立正确的人生观、价值观和世界观;具备良好的人文科学素养和较宽的知识面;具备独立思考与创新能力;具有国际意识、开放性的思维和国际化的视野;培养团队合作精神;促进个性化的发展,建立个人的职业目标和职业规划。

(四)课程内容、要求

表 3-24　基础英语翻译(1-2)

序号	项目名称	任务	知识、能力、素质要求	课时
1	深化翻译理论知识	1.了解翻译标准; 2.认识"翻译与对等"。	知识目标: 1.了解翻译标准; 2.掌握"翻译与对等"的含义。 能力目标: 1.能阐述翻译标准; 2.能举例说明"翻译与对等",词的对等、短语、句子的对等,形式对等,灵活对等,意义对等,风格对等。 素质目标: 1.具备爱岗敬业、勤奋工作的职业道德素质; 2.具备从事翻译岗位工作所具有的基本业务素质。	4
2	汉英词汇和句法对比	1.区分汉英词汇翻译的差异表现; 2.理解汉英翻译句子结构的异同。	知识目标: 1.掌握汉英词汇呈现的分析型与综合型特征的内涵与区别; 2.掌握汉英词汇呈现的意合与形合的内涵与区别; 3.掌握汉英词汇呈现的动态与静态的内涵与区别; 4.掌握汉英句子不同的语序原则和结构差异。 能力目标: 1.能理解英汉两种语言词汇的三种差异表现; 2.能对英、汉语进行语言对比,分析各自语言结构及其相互间的逻辑关系; 3.能够理解汉英翻译的内涵及任务,对汉英翻译的过程有清楚的认识; 4.能根据英、汉语的表达习惯进行句子结构的互换; 5.能根据时间、空间和逻辑关系调整英语句子翻译的顺序。 素质目标: 1.具备爱岗敬业、勤奋工作的职业道德素质; 2.具备从事翻译岗位工作所具有的基本业务素质。	4

序号	项目名称	任务	知识、能力、素质要求	课时
3	翻译技巧	1. 理解"死译、活译、直译、意译"； 2. 理解汉英语法对比； 3. 理解汉英语言对比。	知识目标： 1. 理解"死译、活译、直译、意译"； 2. 理解汉英语法对比方法：词类、名次的数、动词的时态、复句； 3. 掌握汉英语言对比方法：代词、定语、被动结构、重复、单位名称、句子结构。 能力目标： 1. 能举例说明"死译、活译、直译、意译"； 2. 能理解汉英语法对比：词类、名次的数、动词的时态的翻译技巧； 3. 能理解汉英语言对比方法：代词、定语、被动结构。 素质目标： 1. 具备爱岗敬业、勤奋工作的职业道德素质； 2. 具备从事翻译岗位工作所具有的基本业务素质。	4
4	词汇翻译技巧	1. 增词法翻译； 2. 减译法翻译； 3. 词类转换翻译； 4. 引申和褒贬翻译； 5. 正反表达转换翻译。	知识目标： 1. 掌握增词法翻译的技巧； 2. 掌握减译法翻译的技巧； 3. 掌握词类转换翻译的技巧； 4. 掌握词汇的选择及引申与褒贬翻译技巧； 5. 掌握正反表达转换的翻译技巧。 能力目标： 1. 能运用增词技巧使译文流畅，符合目的语的表达习惯； 2. 能运用省词技巧使译文流畅，符合目的语的表达习惯； 3. 能运用词类转换技巧在翻译时灵活选择词汇的词性使译文符合目的语的表达习惯； 4. 能在翻译时根据语境选择最合乎原文含义(包括感情色彩)的词汇； 5. 能在翻译中运用正反表达转换的技巧进行肯定和否定的翻译，使译文符合目的语的表达习惯； 素质目标： 1. 具备作为译者的严谨性； 2. 具备实事求是的学习态度。	10

续　表

序号	项目名称	任务	知识、能力、素质要求	课时
5	句子翻译技巧	1.主谓定位的翻译； 2.汉语被动句翻译； 3.无生命主语句翻译。	知识目标： 1.掌握汉译英中主谓定位的方法； 2.掌握汉语被动句英译的方法； 3.掌握无生命主语句英译的方法。 能力目标： 1.能在汉译英时根据英汉语言各自的特点准确定位英文句子中的主语和谓语； 2.能在汉译英时准确判断被动句使用的语境并准确运用被动结构翻译文本； 3.能在汉译英时准确判断无生命主语句使用的语境并准确确定英文句式进行翻译。 素质目标： 1.具备作为译者的严谨性； 2.具备爱国主义情怀。	10
6	第一阶段复习与检测	复习巩固	知识目标： 掌握本学期所学的翻译技巧。 能力目标： 能应用翻译技巧完成指定的篇章翻译。 素质目标： 1.具备严谨认真的学习态度； 2.具备良好的人文科学素养，拓宽知识面。	2

14

续　表

序号	项目名称	任务	知识、能力、素质要求	课时
7	从句翻译技巧	1.定语从句翻译技巧； 2.名词性从句翻译技巧； 3.状语从句翻译技巧； 4.倒装句翻译技巧； 5.强调句翻译技巧； 6.虚拟语气翻译技巧。	知识目标： 1.掌握定语从句在汉译英中的翻译方法； 2.掌握名词性从句在汉译英中的翻译方法； 3.掌握状语从句在汉译英中的翻译方法； 4.掌握倒装句在汉译英中的翻译方法； 5.掌握汉译英中强调方式的几种翻译方法； 6.掌握虚拟语气的翻译方法。 能力目标： 1.能在汉译英时准确判断定语从句使用的语境并准确运用定语从句知识进行翻译； 2.能在汉译英时准确判断各种名词性从句使用的语境并准确进行翻译； 3.能在汉译英时准确判断状语从句使用的语境并准确运用进行翻译； 4.能在恰当的语境中使用倒装句、强调句和虚拟语气来翻译原文，增强语言表现力。 素质目标： 1.热爱祖国文字文化，积极向世界传播祖国文化； 2.具备独立思考与创新能力。	12
8	英汉语篇衔接对比与翻译策略	1.篇章翻译衔接； 2.语篇衔接手段的使用。	知识目标： 1.了解英汉语篇不同的衔接手段； 2.掌握英汉语篇衔接手段在翻译中的使用方法。 能力目标： 能在汉译英的译文中恰当使用不同衔接手段使译文流畅、连贯。 素质目标： 1.具备热爱祖国文字文化，积极向世界传播祖国文化的意识； 2.具备严谨的译者素质。	2

续　表

序号	项目名称	任务	知识、能力、素质要求	课时
9	句法翻译	1.换序译法； 2.断句译法； 3.转句译法； 4.合句译法； 5.缩句译法； 6.转态译法。	知识目标： 掌握换序译法、断句译法、转句译法、合句译法、缩句译法、转态译法的翻译技巧。 能力目标： 能应用各种句法翻译法进行翻译。 素质目标： 1.具备独立思考与创新能力； 2.具备团队合作精神。	10
10	成语翻译修辞翻译	1.成语英汉互译； 2.谚语的翻译； 3.惯用语的翻译； 4.歇后语的翻译； 5.俚语的翻译。	知识目标： 掌握成语英汉互译、谚语的翻译、惯用语的翻译、歇后语的翻译和俚语的翻译的技巧和方法。 能力目标： 能应用恰当的方法完成成语、谚语、惯用语和歇后语的翻译； 素质目标： 1.树立正确的人生观、价值观和世界观； 2.具备良好的人文科学素养,拓宽知识面。	8
11	第二阶段复习与检测	复习巩固	知识目标： 掌握本学期所学的翻译技巧。 能力目标： 能应用翻译技巧完成指定的篇章翻译。 素质目标： 1.具备严谨认真的学习态度； 2.具备良好的人文科学素养,拓宽知识面。	2

（五）实施建议

1.教材选用

翻译教材中英译汉教材很多,汉译英教材却比较少,这些汉译英教材中的内容编排也很难与学生需求相匹配,要么语料难度大,要么翻译技巧种类过多,要么是语料题材与等级考试的要求不太相符。应用英语专业学生在英译汉方面问题相对较少,只要能读懂原文,凭借着母语优势,汉语译文基本能够达意。因此对学生来说,英译汉更难的是词汇量,是阅读的问题。而汉译英则不同,学生普遍认为汉译英更难,一是因为他们缺乏扎实的语法功底,对英语句子结构掌握得不牢靠;二是因为他们缺乏系统的翻译技巧的学习,缺乏对英汉两种语言差异性的系统了解,因此在译文中反映出水平参差不齐且普遍偏低。但是英语专业学生在参加全国大学英语等级考试中又要接受段落汉译英的考查。所以,学生特别需要难度适中,翻译技巧够用,又能针对性地应对等级考试的翻译教材。因此,本课程没有采用固定教材,在教学实践中主要参考了上海外语教育出版社出版的由陈宏薇主编的《汉英翻译基础》,世界图书出版公司出版的由黄晔明主编的《华研外语英语四级翻译200篇》,另外教师利用网络和多媒体教室等资源配以讲义和课件来完成该课程的教学。

2.教学建议

本课程教学过程应突出"精讲精练",即学生精练,教师精讲。坚持一切教学活动以学生的需求为基础,采用灵活多样的教学方法,如任务驱动法,与学生互动起来,激发学生的翻译学习兴趣,扮演学生的助手,推动学习活动的发生。积极组织和参与灵活多样的教学活动,让学生参与其中,积极思考,大胆交流。课程中,翻译理论的讲解部分可以采用翻转课堂的教学模式,学生课前进行自主学习,课上教师通过实例翻译,帮助学生理解巩固翻译技巧。

3.教学评价建议

本课程考核要形成性考核和终结性考核相结合,平时成绩与期末考试相结合,其中,平时成绩占总评成绩的40%,期末考试成绩占总评成绩的60%。平时成绩的考核主要包括学生的出勤情况、学习态度、合作精神、课堂表现、学习项目完成情况以及课后作业。课后作业主要对句子翻译和段落翻译给予评定。学生的出勤情况、学习态度、合作精神各占10%,课堂回答提问以及学习任务项目完成情况占40%,课后作业完成情况占30%,具体评估方式见表3-25。

表 3-25　基础英语翻译(1-2)教学评估表

项目	评估形式及分数	具体操作方法	计分方法	评估频率和时间
出勤及学习态度	出席课堂20%	分成迟到、早退、病事假和旷课	累计次数从该项分数扣除:旷课一次扣一分;迟到、早退和病事假每四次扣一分;学习态度和纪律要求学生自评和教师评价	每次上课,学期期中和期末结合评分。

续　表

项目	评估形式及分数	具体操作方法	计分方法	评估频率和时间
合作精神	小组合作 10%	小组成员及教师记载小组讨论和小组展示的合作情况	小组组长统计小组成员对小组活动所做的贡献,教师记录在展示过程中的合作情况,分别计分,取平均值	每次小组活动
课堂表现及参与	提问 20%	教师、学生监督和课堂提问	课堂提问教师每次计分,按照本学期学习项目分类,统计每位同学 10 次提问的成绩,每次计分满分为 100 分。	每次上课
课后作业	句子翻译作业 15%	统一题目	每人单独计分;最终成绩取分数平均值	每周一次
	段落翻译作业 15%	统一题目	每人单独计分;最终成绩取分数平均值	每两周一次
小组活动	小组成员合作完成对话翻译 20%	小组提交视频作业	考察学生的小组配合和语言表达能力,教师和其他小组同学分别计分,取平均值,展示总分为 100 分;期末取 20% 计分;最好成绩取三次分数平均值。	每学期三次

4.教学建议资源的开发与利用

作为基础翻译课程,为了加大课程信息量,提升课堂教学有效性,教师可以充分利用网络、多媒体课件,让学习者课前进行自主学习,发现问题,充分利用课堂讲台解决学生学习难点。此外,也可以通过课外翻译 PK 大赛、外文演出活动等为学生创造锻炼胆量、增强自信和展示自我的大舞台。

第四章　应用英语专业实践教学体系

应用英语专业实践教学主要分为三个阶段：岗前综合实训、顶岗实习、毕业设计，分别开设在应用英语专业第五学期、第六学期，其中岗前综合实训 4 周，顶岗实习 16 周，毕业设计 4 周。

第一节　应用英语专业岗前综合实训指导性方案

一、岗前综合实训目的

岗前综合实训是实践教学的重要环节之一。本课程是应用英语专业必修课程，其主要功能在于帮助学生对职业岗位有一个初步了解，明确将来所要从事工作的职责、岗位要求、应当具备的知识和能力等，从而让学生在以后的学习中目标更明确，在知识、能力和素质提高的各个方面更有针对性，是工学结合的教学理念的体现。本课程以涉外、外贸职业能力培养为重点，培养学生综合运用英语知识，增强涉外岗位工作的分析问题和解决实际问题的能力；把所学语言知识、商务知识、技术与社会生产实际紧密结合，培养学生在生产、服务、技术、管理第一线从事本专业工作的综合能力，提高学生培养质量，增强竞争能力；培养学生爱岗敬业、艰苦奋斗、热爱劳动、遵纪守法、团结协作的优良品质和求真务实的工作作风；使学生了解社会，了解国情，树立正确的世界观、价值观、人生观，具有良好的社会公德和职业道德。

二、岗前综合实训内容

岗前综合实训充分体现职业性、实践性和开放性。实训内容以国际贸易链相关企业主要工作岗位的工作流程为主线,以不同岗位为项目,以各岗位的职业资格为标准,以职业能力培养为重点,以外贸、涉外企业商务翻译、语言培训机构、国际物流各主要岗位业务员应该具备的能力为中心安排内容。在项目设计中主要是以学生综合能力运用为最终目的进行项目开展。通过岗前综合实训,学生应该熟练地完成国际贸易链、涉外服务相关企业主要工作岗位的主要工作任务,处理各岗位的问题情境,能胜任所在公司主要工作岗位的工作任务与公司业务部的基层管理工作,达到综合实训的目的,为下一步顶岗实习做好充分准备。

学生在岗前综合实训过程中,要按时填写岗前综合实训周记,在岗前综合实训要完成岗前综合实训报告,由所在单位写好评语和鉴定,并加盖单位公章。

三、岗前综合实训安排

(一)岗前综合实训形式

(1)所有学生通过双向选择后去确定的校企合作单位或学校指定的2+1企业完成岗前综合实训任务。

(2)岗前综合实训分小组进行,由校内指导教师和企业指导师傅共同指导完成。指导教师每周至少和所指导的学生联系两次,给予必要的指导,并做好联系指导记录。

(3)岗前综合实训时间:第五学期1—4周。

(4)岗前综合实训总结:岗前综合实训结束后,所有学生回到学校分组进行总结。

(5)岗前综合实训学生考核。

岗前综合实训学生在全面总结的基础上填好岗前综合实训报告和岗前综合实训周记,由岗前综合实训单位负责人和指导教师做鉴定和写评语。

鉴定内容分两项:思想表现方面,包括工作态度(积极性、主动性、责任性),服从大局,遵守纪律,具有奉献精神;能力方面,包括运用知识能力、独立开展工作能力、业务熟练程度、分析解决实际问题能力、创新能力等。

鉴定等级:分为优(90分以上)、良(80—89分)、中(70—79分)、及格(60—69分)和不及格(59分以下)共五个等级。

(6)岗前综合实训结束时应该上交的材料:岗前综合实训周记(4周)、岗前综合实训报告。

第二节　应用英语专业顶岗实习指导性方案

一、专业顶岗实习的目的

顶岗实习是坚持以就业为导向、创新"工学结合"人才培养模式、提高素质技能型人才培养质量的重要环节。通过顶岗实习,学生能够尽快将所学专业知识、岗位技能与生产实际相结合,实现与企业和岗位零距离对接,树立起职业理想,养成良好的职业道德,练就过硬职业技能,从根本上提高人才培养质量。

根据应用英语专业人才培养方案的要求,应用英语专业的学生在第五学期前往外贸、物流、培训学校等相关企业进行顶岗实习。

通过专业顶岗实习,学生将专业知识有机渗透到顶岗实习中,以准员工的身份参与相关企业的管理与服务。鼓励学生结合岗位,针对在企业管理和服务中的技能要求,跟踪最新的理论、技术、流程的发展进行各个环节的实战演练,提高学生的综合素质和可持续发展的能力。

二、顶岗实习内容

顶岗实习内容分两方面,即工作实践、实习体会。

学生在规定时间内进入与专业相关的外贸、外企等企事业单位进行专业实习。实习岗位包括外贸行业的相关岗位、涉外电子商务行业的相关岗位、国际货代行业的相关岗位、涉外文秘、商务翻译、语言培训学校的有关岗位等岗位。实习过程中,学生应熟悉相关岗位的基本知识与技能、基本的工作流程、沟通技巧等实践知识。学生到达工作岗位后,应尽快熟悉工作环境,了解所处工作岗位的具体要求,与指导老师一起制订好具体的工作计划,做到实习目标明确、任务到位。工作过程中,能将所学理论知识与技能应用于实际工作中,虚心学习,努力工作,认真完成实习单位交给的各项任务。实习结束后,要求学生提交实习报告以及相关的实习鉴定。

表 4-1　应用英语专业各模块顶岗实习内容

岗位名称	顶岗实习内容
外贸电商岗位	熟悉单位工作环境和岗位职责;深入工厂车间熟悉相关产品;联系客户,处理客户询盘;协助报价;协助跟踪订单;备制相关单据;协助处理外贸业务相关的其他事务;填写顶岗实习体会和调查报告及其他相关表格。
外贸物流相关岗位	熟悉单位工作环境和岗位职责;协助完成实习单位客户的各项委托代办业务;协助完成国际物流操作的相关事务;关注和收集国际物流业务发展信息与趋势;协助开发国际物流服务项目;协助完成客户物流作业;协助处理与客户合作过程中发生的一般性纠纷和问题;填写顶岗实习体会和调查报告及其他相关表格。
翻译相关岗位	熟悉涉外单位工作和岗位职责,能够承担一般性的非正式会谈或外宾日常生活的口译工作;协助企业承担日常正式或非正式的外宾接待工作;能够就一般难度的材料进行英汉互译,能借助工具书对有一定专业难度的材料进行笔译;能承担应用较多的场合的专业翻译工作;能根据文化礼仪常识和具体场合协助领导对外宾进行管理,协助处理工作中出现的有关问题。

三、顶岗实习安排

(一)顶岗实习实训形式

顶岗实习开设在应用英语专业学生第五学期和第六学期,即第五学期第5—17周,第六学期第1—4周,共计16周。所有学生在进行岗前综合实训的校企合作单位完成顶岗实习实训任务。顶岗实习实训分小组进行,由校内指导教师和企业指导师傅共同指导完成。顶岗实习结束后,所有学生回到学校分组进行总结,就各自岗位上的工作得失进行总结分享。

(二)顶岗实习实训学生考核

实习生在全面总结的基础上填好实习鉴定表,由实习单位负责人和本校实习指导老师做鉴定。

1. 鉴定内容

思想表现方面:工作态度(积极性、主动性、责任性),服从大局,遵守纪律,具有奉献精神。

能力方面:运用知识能力、独立开展工作能力、业务熟练程度、分析解决实际问题能力、创新能力等。

2.成绩评定

学生按照实习计划和实习大纲完成实习教学任务,经考核合格后取得相应学分。实习结束后,由指导教师根据学生实习的总体情况,对其做出考核成绩评定。

考核分两部分,一是企业指导教师对学生的考核,占总成绩的60%,主要考核内容如表4-2所示:

表 4-2　顶岗学习考核表(企业指导教师用表)

态度纪律	职业素质	业务能力	团队合作	创新精神
20%	20%	20%	20%	20%

二是学院指导教师对学生的考核,占总成绩的40%,主要考核内容如表4-3所示:

表 4-3　顶岗实习考核表(校内指导教师用表)

态度纪律	职业素质	专业能力	周记报告	实习效果
20%	20%	20%	20%	20%

指导教师对学生分项考核成绩按百分制计,实习指导小组对学生考核的总评成绩按五级制,分为优秀、良好、中、合格和不合格五个等级。

3.岗前综合实训结束时应该上交的材料

岗前综合实训周记(上传至实习平台,共16周)、岗前综合实训报告(1500字)。

(1)实习周记撰写要求

顶岗实习周记是督促学生认真从事实习工作,积累知识和资料的一种方法,也是考核实习成绩的依据之一。学生要坚持每周记录,其主要内容包括:记录每周的工作内容及完成情况,出现的问题,解决方法及心得体会;详细记录参观、听报告、座谈的全部内容与心得体会。

(2)实习报告撰写要求

实习报告是学生整个实习工作的全面汇报,是实习成绩考核的主要依据之一。主要包括:概述参加实习和完成任务的基本情况;简述实习单位的基本情况;详述个人完成的主要工作和取得的成绩,如思想和业务上的收获和体会,反思自己的实习态度、遵守纪律的情况及存在的缺点。

第三节　应用英语专业毕业综合实践指导性方案

毕业综合实践是学生全面综合运用所学专业知识和专业技能,在相关涉外企业进行岗位实践,同时完成毕业综合设计的重要实践环节。

一、毕业综合实践目的

毕业综合实践的目的是使学生在涉外行业岗位实践中,运用所学的语言和专业知识、技能,完成毕业综合设计,以培养学生的外语应用能力和专业操作能力。在实践工作岗位上发现问题,通过查询文献资料、调研、沟通,分析、解决与本专业相关的实际工作问题,培养实际业务操作能力,提高学生职业素质和就业竞争力。

二、毕业综合实践内容

毕业综合实践工作包括选题、任务书、开题、撰写毕业综合设计、答辩、成绩评定等环节。毕业综合实践是在指导教师的指导下,结合岗位实践选择开题,通过在行(企)业相关职业岗位的操作实践,编写综合实践设计说明书,完成毕业综合实践报告与答辩。完成过程使学生的岗位操作能力、工作态度和组织纪律等方面在实际岗位中受到锻炼。

三、毕业综合实践安排

(一)选题

学生在指导教师的指导下进行选题。选题经指导教师同意、指导小组组长审核后方可正式列入选题计划,具体要求如下。

(1)选题应与学生所学专业和所在工作岗位密切相关,突出专业岗位综合能力的训练。

(2)选题应结合所在的行(企)业实践岗位,从所在工作实习单位或企业面临的实际问题中筛选。

(3)选题应取决于学生本身的专业基础和实际水平。项目不宜过大,重点选择可以在短期内经过努力能基本完成，或者可以相对独立地做出阶段性成果的课题。

（4）选题示例如表 4-4。

表 4-4　应用英语专业学生毕业综合实践选题示例

岗位方向	题目示例
外贸岗位	201×年＊＊公司＊＊产品＊＊（澳洲）市场拓展方案 201×年＊＊公司＊＊产品＊＊（欧洲）市场销售量提升方案 201×年＊＊公司客户维护方案 201×年＊＊公司＊＊产品＊＊平台（如阿里国际站）产品推广方案 201×年＊＊公司＊＊产品 SNS 产品推广方案
国际物流岗位	201×年＊＊公司直客/同行货/指定货营销方案 201×年公司＊＊业务操作风险分析与规避 201×年公司＊＊制单风险分析与规避
翻译或语言培训岗位	201×年＊＊公司客户答谢宴会设计方案 201×年＊＊公司外宾接待设计方案 201×年＊＊公司＊＊展会参展设计方案 201×年＊＊机构业务拓展设计方案 201×年＊＊机构万圣节活动设计方案 201×年＊＊机构悦读季活动设计方案 201×年＊＊机构 Ispell 活动设计方案 201×年＊＊机构少儿英语游戏式教学设计方案 201×年＊＊机构剑桥儿童英语课程设计方案 201×年＊＊机构＊＊课程教学评估设计方案

（二）下达毕业综合实践任务书

在确定选题后，由指导教师填写"毕业综合实践任务书"，在毕业综合实践正式开始前一周下达。任务书中应明确具体要求，包括实践岗位详细名称、岗位职责、岗位能力要求、毕业综合实践课题名称、课题完成的条件、课题任务要求任务及时间安排要求等方面。

（三）完成毕业综合实践开题报告

毕业综合实践开题报告包含：（1）毕业综合实践题目与任务要求；（2）设计研究的目的；（3）设计研究的依据及资料；（4）毕业实践设计的进度计划；（5）预期的阶段成果和最终结果。毕业综合实践开题报告经开题论证后方可实施。

(四)毕业综合实践说明书内容

毕业综合实践说明书一般分封面、摘要、目录、正文、参考文献、附录六个部分,要求 3000 字以上,设计必须体现外语专业的特色:(1)要有外文摘要和关键词。(2)外文参考文献不得少于两篇。(3)设计方案要有部分用外语表述的内容,如专业术语、业务单据、附录等。

表 4-5　应用英语专业毕业综合实践说明书内容

部分	内容要求
引言或前言	主要介绍课题的来源与目的意义。阐述为什么要选择这个课题,已有什么研究或实施条件,方案的目的是什么,实施后能产生什么积极影响。
设计任务分析	根据指导教师下达的任务书,明确本设计要解决什么具体问题,特别是关键问题或难点问题,及解决方案的评价标准。
方案初选	在明确问题及评价标准的基础上,提出解决问题的几个思路,分析比较同类方案,确定初步设计方案。
方案的详细设计	方案的详细设计是确保其规范性、可操作性与实施质量的前提,所以要详细介绍设计内容与实施过程。
设计总结评价	根据设计的任务要求,结合本设计成果的可操作性、创新性、实用性等相关评价要求,对本方案的优缺点进行如实的总结评价。

(五)毕业综合实践成绩评定

毕业综合实践成绩的评定包括对学生毕业综合实践设计的完成情况和答辩情况的评价。

主要评价指标如表 4-6 所示:

表 4-6 毕业综合实践成绩评定标准

评价项目		优 (100≥X≥90)	良 (90>X≥80)	中 (80>X≥70)	及 (70>X≥60)	不及 (X<60)	评价分值	
课题与任务评价	岗位贴近度	紧扣就业职业岗位	贴近就业职业岗位	贴近就业职业岗位	基本贴近就业职业岗位	与就业职业岗位不相符	5	20
	专业贴近度	紧扣专业培养目标	贴近专业培养目标	基本贴近专业培养目标	与专业培养目标有关	与专业培养目标无关	8	
	训练实效性	具有较强的可实施性与效果	有较好的可实施性与效果	实施性与效果一般	实施性与效果一般	基本上不具备可实施性及效果	7	
成果评价	质量与水平	科学性与创新性强	科学性与创新性较强	有科学性与创新性	有一定科学性与创新性	科学性与创新性差	10	50
		规范性强	规范性较强	有规范性	有一定规范性	规范性差	7	
		实用性强	实用性较强	有实用性	有一定实用性	不实用	15	
	数量	工作量很大	工作量较大	工作量较大	工作量一般	工作量任务不足	10	
	态度	钻研与勤奋勤奋并有刻苦钻研	勤奋并有刻苦钻研精神	勤奋并有一定钻研精神	较勤奋并有一定的钻研精神	不勤奋、钻研精神差	5	
		与导师配合配合很好	配合好	配合较好	有一定配合	基本不配合	3	
答辩评价	过程思路与表达	论述思路敏捷、表达清晰度好	论述思路清楚、表达清晰度较好	论述思路基本清楚、表达清晰度尚可	论述思路一般、表达清晰度一般	论述思路和表达不清晰度较差	15	30
	回答情况	回答正确、内容深入、逻辑性强	回答正确、内容清楚、逻辑性强	回答基本正确、内容清楚、逻辑性一般	回答正确度尚可、内容一般、逻辑性一般	回答内容和逻辑性较差	15	

四、毕业综合实践上交材料

毕业综合实践单独成册,上交内容包括毕业综合实践封面、毕业综合实践任务书、毕业综合实践开题报告、毕业综合实践指导记录表、毕业综合实践答辩记录表、毕业综合实践评阅书、毕业综合实践说明书。

第五章　应用英语专业课程教学改革实践

第一节　课程教学体系改革

　　课程建设与改革是教学基本建设和改革的核心,关系到人才培养目标是否能够实现。近年来,应用英语专业遵循满足职业岗位能力要求、符合工学结合的高职教育规律,夯实学生语言基础的同时,突出其职业技能培养。通过教学内容、教学方法、教学手段等方面的改革,不断推进课程建设与教学改革,人才培养质量逐年提高。

一、培养国际化、复合型应用人才,打造"1+1+X"人才培养体系

　　应用英语专业人才培养方案和课程体系在制定过程中,进行了广泛的专业调研和论证,充分了解应用英语专业学生的就业岗位、所需职业资格证书、就业岗位工作任务、职业能力标准及用人单位对应用英语人才培养规格的要求。在充分调研的基础上,邀请企业专家参与岗位任务分析和课程设置探讨,及时修订了培养方案和教学计划,确定了"1+1+X"的人才培养体系。

(一)建立"英语能力+复语能力+专业发展能力"的课程体系

　　本专业根据具有"较高的职业能力的应用型英语专业人才"的特点,在课程体系确立上做了大量的探索,力求把英语专业的"1+1+X"中的英语专业基础"1"部分做精,复语能力"1"做强,"X"部分的就业能力课程做活,

力求课程的设置反映出行业最新动态和社会情况。

经过多年探索,建设重心从"1＋X"的课程叠加体系构建转向以"精品外语人才培养规格"为定位的"1＋1＋X"(X＝1＋1＋…)的体系构建。专业基础平台打造语言能力,岗位基础平台解决 X 复合能力,模块方向课程解决学生专业发展能力和岗位工作可迁移能力。"精"英语应用能力,即通过三年不断线的英语听、说、读、写、译以及综合英语等"英语能力课程"的设置,要求学生具有较精深的英语与英语专业知识基础,具有扎实的英语基本功,以适应终身教育与学习化社会发展的需要。"强"职业能力旨在拓宽专业口径,通过跨境电商实务、国际物流等岗位"项目课程"的设置,不断加大涉外岗位课程的"浸泡式"教学或"双语"教学的力度和范围。很多课程体现了语言能力与职业能力的糅合,既在语言技能课中通过英语获得涉外岗位职业技能,又在涉外岗位专业技能学习中强化语言技能,从而突出应用英语专业"英语＋涉外岗位知识技能"的复合型人才的特色。"活"专业发展能力在于增强学生跨专业适应未来岗位群的能力,加强实践技能的培养,以根据社会劳动力市场的变化,增强毕业生的择业能力和竞争能力。

(二)"双语课程"强化打造复合型人才

人才培养方案制定过程中,根据企业调研和企业专家的意见,开设外贸、物流、翻译模块,同时增加专业课程的双语教学,如进口业务操作、国际物流实务等课程。这些课程的授课都以基于工作任务的"项目课程"方式开展,充分利用现有的师资力量,用双语授课的形式进行,学生一方面能以英语为工具获取与国际接轨的应用专业知识,又能在学习应用专业知识的同时加强英语的实际运用,做到应用专业知识与外语能力同步发展,使学生在毕业时既有相关的应用专业知识,又有比其他专业学生更强的英语交际能力,成为适应时代发展和市场需求的有相当应用能力的复合型英语人才。

(三)"多语种"二外课程打造"复语型人才"

随着"一带一路"的提出与发展,市场对外语类人才的需求旺盛。但是随着外语教育的发展,单语型人才已经不能满足国家和社会对外语人才的需要,国际化复合型人才逐步成为培养趋势。就业市场开始对外语类人才提出了更高的要求,需要更多的"复语型人才"——除母语之外,能够比较熟练地掌握两种以上的外语,具有跨文化多语种交流能力。应用英语专业依托学校"小语种中心",改革二外课程的开设时间,将二外课程的开始前移至第二学期,并连续开设三个学期;此外,语种从原来的日语、法语、德语三种语言增加至日语、法语、德语、西班牙语、匈牙利语、韩语六种语言。除常规的二外课程外,为提高学生的复语能力,各小语种开设语言学习俱乐部,开设二外课程提高班,真正做到一、二、三课堂联动,夯实学生的多语种学习基础。

二、以职业能力目标为导向,构建基于工作任务的高职应用英语课程体系

近年来,应用英语专业紧跟学校的教学改革步伐,深入开展教学改革工作,以职业能力目标为导向,构建基于工作任务的应用英语课程体系。

结合宁波区域经济发展的特点和专业发展趋势,以就业为导向,灵活设置岗位工作方向模块课程群(外贸电商、国际物流和翻译与语言培训等模块);以职业能力目标为导向,构建以任务驱动型课程为主体的具有工学结合特色的应用英语课程体系;并按照涉外职业岗位的任职要求,参照相关的职业资格标准,按照实际工作任务、工作过程和工作情景组织课程,建设突出职业能力培养的课程标准和教材。课程中的理论教学以"必需、够用"为度,以应用英语人才培养目标、规格及对应岗位工作所需的知识、能力、素质要求作为课程开发的出发点,整合重组课程,明确专业的核心能力、核心课程,精心设计课程体系,并将核心能力的培养渗透到所有课程,提高应用英语人才培养的针对性和适应性。

表 5-1 应用英语专业"平台＋模块"课程结构体系框架

必修课程	平台课程	公共基础平台	1.思想政治素质与道德修养类课程(思想政治理论课、职业发展与就业指导等)
			2.身体素质类课程(体育健康、军训)
			3.知识与能力素质类课程(计算机应用基础、应用文写作等)
		专业基础平台	基础英语阅读、基础英语听力、基础英语口语、中级英语阅读、高级英语阅读、二外等专业基础课程,培养学生具备扎实的英语语言基础、熟练的英语运用能力,即较强的英语听、说、读、写、译的能力,特别是口语表达能力。
		岗位基础平台	国际贸易基础、跨文化交际、商务翻译、雅思英语入门、跨境电商实务、国际物流实务等岗位课程,培养学生具备涉外岗位相关的专业基础,使学生熟练掌握涉外岗位工作基础理论、基本知识和基本技能,以及相关的政策及业务知识,同时运用这些知识在岗位模块课程学习中能进行单证、报关、货运、商务等岗位的相关操作。

续　表

选修	职业岗位工作方向模块课程	外贸电商模块	培养和巩固学生涉外岗位的实践操作能力。每个模块包括:(1)外贸网络营销实务、国际货代业务操作、英语口笔译等工作模拟专业课;(2)进出口业务操双语教学课程;(3)BEC商务英语证书综合课程、中级口译考证综合课程;(4)岗前综合训练、顶岗实习、专业综合能力实践课程。
		国际物流模块	
		翻译模块	
	选修课		外贸单证实务、外贸英语写作、商务谈判技巧、国际市场营销、英语课堂设计与实践等专业任意选修课、公选课以及其他任意选修课等。
	第二、第三课堂活动		英语俱乐部为主要载体的各类社团活动、学科竞赛、技能竞赛、各类考证考级、科技活动等。

　　在"平台＋模块"课程结构体系的基础上,以能力为基础,以岗位需要和职业标准为依据,将应用英语专业学生在不同涉外工作岗位的基础语言应用能力和核心专业能力作为培养重点,通过对工作任务和职业能力的归并、梳理,按照工作项目确定应用英语专业课程设置,构建以工作任务为导向、以职业能力培养为目标的课程体系,并明确核心能力、核心课程。同时,以项目为载体和任务驱动的教学模式设计课程内容,突出能力目标,以学生为主体,教学做合一,实践理论一体化,同时注重素质培养,并渗透到项目的每一环节,为学生的语言和专业能力的可持续发展打下坚实的基础。

表 5-2　应用英语专业核心能力与主要课程设置

分类		能力要素	主要课程设置
英语应用能力	英语听说能力	具有扎实的英语语言基础、熟练的英语运用能力,特别是口语表达能力,即具备较强的英语听、说、读、写、译的能力。	基础英语阅读,基础英语听力,基础英语口语,二外(日语、法语等小语种课程),基础翻译,高级英语写作等。
	英语读写能力		
	英语翻译能力		

续　表

分类		能力要素	主要课程设置
专业实践能力	外贸操作能力	1.熟练掌握外经外贸的基础理论、基本知识和基本技能，以及相关的外经贸政策及业务知识，同时运用这些知识去进行单证、报关、货运、管理等外贸实物的操作。	进口业务操作，国际货代业务操作，商务英语，国际市场营销，英语口笔译
	涉外翻译能力	2.熟悉经贸术语、概念、基本知识和基本技能，能够比较准确、流利地进行涉外翻译。	
	企业管理能力	3.掌握基本的商务术语及相关知识和丰富的商务经济文化知识，了解国际商务的实际运行过程，能在英语的环境中进行企业活动和商务交际。具有基本的商务知识，能出具各种国际商务结算单据和证书。同客户建立良好的贸易关系，灵活运用各种正当的交际手段，广交朋友。	
	商务交际能力	4.有较好的中文水平，能用正确的语言和文字表达思想，交流信息和独立处理业务文件能力。	
综合职业能力	社交能力	1.了解我国有关方针、政策、法律及涉外法规；2.了解我国国情及英语对象国家的社会、文化以及科学技术的发展；3.具有一定的第二外国语的实际应用能力；4.具有运用计算机进行英汉两种文字处理的能力。5.有健康的身体素质，达到国家规定的大学生体育合格标准。6.有良好的心理素质、健全的人格、坚强的意志、较强的心理承受能力。8.具有创新学习的能力；9.有较强的实践能力和职业应变能力。	思想道德修养与法律基础、毛泽东思想、邓小平理论和"三个代表"重要思想概论、形势与政策、计算机应用基础、体育健康、体育俱乐部、跨文化交际、商务谈判技巧，职业生涯与发展规划

　　岗位方向模块课程设置和教学内容的选取针对相关的岗位群所需的知识和技能，着眼于学生的可持续发展，着眼于为学生提供继续学习的基础，着眼于专业技能的训练，着眼于转岗能力和关键能力的培养。从应用英语专业所面向的岗位群看，主要集中在国际物流、国际商务翻译、外贸业务员等，在模块的设计中，尽量达到"双融通"，即课程标准与职业资格标准的融通，学历教育与职业资格培训的融通。课程的教学与职业考证相融合，上课内容与考证内容相融合，使学生毕业时获得"双证"，顺利实现就业。

三、以提升行业岗位素养为目标,进一步打造职业素质养成特训课程

加强学生职业道德和综合素质教育,这是人才培养的第一质量。切实将素质教育内容、项目落实在人才培养全过程中,渗透到所有课程中。在公共基础平台课程设置上,我们开设了应用文写作、跨文化交际、基础会计、多媒体制作等课程,拓宽学生的眼界,培养学生的团队意识和服务意识。同时,进行职业资格证书培训,为学生就业打下必备的综合素质基础。

实施职业素质养成特训课程。素质训练和养成课程采取"请进来"和"走出去"的职业素质课程强化方式:

"请进来"——听一场讲座或专题课,课程为面向英语专业学生的公选课性质,按课程性质分两块,一块为职业素质基础知识认知课程,为必修;另一块为涉外职业素质训练课程,学生可自主选择,修满学分为止。

"走出去"——下企业调研,选取优质涉外企业,四五个学生为一组下企业调研。考核方式为调研报告和团队合作过程分。

四、以学科技能竞赛为契机,打造"三个课堂联动"的实践教学体系

以学科技能竞赛为契机,第一课堂实践教学首先依托校内实训基地和模拟口语交际软件,培养学生的英语语言听说读写译的交际能力,提高学生专业技能。第二课堂主要以英语学习俱乐部为载体,以培养学生能力为本位,在任务驱动活动中充分调动学生的英语学习积极性、创造性,提高学生英语交际能力,进一步激发学生学习的潜能,从而浓厚校园英语文化气氛,丰富学生业余生活,展示英语学习风采,发扬合作探究精神,陶冶跨国文化情操,提升英语专业学生英语方面各种能力和综合素质。以英语学习俱乐部为中心搞好各项技能活动和竞赛,具体包括英语晨读社、英语杂志社、英语翻译社、英语读写社、英语短剧社、英语影视配音社、英语歌曲社等分社,各社制定出各自的章程并组织和实施。第三课堂教学主要依托校外实训实习基地和校企合作"2+1"办学模式,使学生完成岗前综合实训和顶岗实习任务,重点培养学生的岗位实践操作技能和职业素质养成。

(一)第一课堂:开设学科技能辅导课程

应用英语专业从 2013 年开始,选派优秀师资组建学科技能大赛指导团队,组建英语口语指导团队、英语写作指导团队、第二外语团队、大学生英语竞赛指导团队。各团队开设专业选修课,供专业学生进行选择,努力打造"课赛"融合,将专业知识教学内容和技能竞赛相融合,把技能竞赛的竞赛项目融入专业教学活动中,培养和提升学生的英语综合技能。近年来主要开设的学科技能竞赛辅导课程如下。

1.高级口语辅导课程

本课程为专业任意选修课,面向应用英语专业学生开设,学时为 68 个,主要对接全国高职院校实用英语口语大赛。课程授课内容依托全国高职院校实用英语口语大赛的赛事,分为三个部分,分别选派优秀的教师负责辅导工作。

第一部分:现场描述。主要训练学生能通过 8—9 分钟的准备时间在 2.5 分钟内将给出的关于某一情景的图画、图表、广告等内容用英语清晰地描述完整,并加以评述。主要训练学生理解常见的贸易进出口额、市场变化、人口变动、生产状况、生产指标等内容的柱状图、饼状图、曲线图和表格内容。

第二部分:情景交流。主要训练学生能通过 5 分钟的准备时间在 2 分钟内和外教针对某一广告、图表内容进行较为流利的口语互动交际。

第三部分:话题辩论。主要训练学生针对某一热点问题用英语进行观点陈述,培养学生的思辨能力。

2.高级英语写作辅导课程

本课程对接外研社全国高职院校实用英语写作大赛,学时为 68 个,大赛主要考查学生的英文书面沟通、信息提取、逻辑分析、人文思辨等能力及相关素养,以期通过比赛,引导全国高职高专英语写作教学的改革与发展,促进学生英语应用能力的整体提高,为其职场可持续发展奠定良好的基础。课程授课内容依托赛事,分为三个部分:

第一部分:看视频写作。该部分主要要求学生看完视频后,能听懂视频内容并能完成 150 词的应用文写作任务,主要包含邀请函、求职信、报告、备忘录等应用文写作文体。

第二部分:看图表写作。该部分主要要求学生看图表(柱状、表格、饼图等),描述图表信息,完成一份不少于 250 字的英文报告。

第三部分:看短文写作。该部分主要要求学生读懂一篇小文章,根据文章中展现的问题,提出自己的观点,并加以论证,完成不少于 300 字的英文短文写作。

3.全国大学生英语竞赛辅导课程

该课程对接全国大学生英语竞赛 B 类赛事,包含听、说、读、写等内容,考查大学生的英语基础知识和基本技能,又侧重考查大学生的英语综合运用能力、阅读能力和智力水平。因此该辅导课程根据赛题分为听说读写四个方面的单项技能培养,夯实学生的英语学习基础。

(二)第二课堂:开展多样化的学生学习社团

应用英语专业的"英语学习俱乐部"和学生社团是学生开展活动的一个重要载体。英语俱乐部的每位负责教师承担一场赛事(学生社长作为辅助),学生根据自己的职业素质特长,选择一项赛事参加,该社第二课堂可组织同样辅导内容的活动来加强,参加比赛有困难的学生可选择参加这些活动。根据英语专业的学习特点,本专业努力开拓英语学习俱乐部等无形的实践平台,让学生课内、课外时时、处处实践,实现第一和第二课堂的互为支撑、互为补充、有机结合,搭建立体化的实践教学平台。为此,学院成立了英语学习俱乐部,并陆续建立了下设的英语口语社、英语晨读社、英语短剧社、英语影视社、英语歌曲社、英语翻译社、英语读书社以及英语杂志社。英语学习俱乐部的成立得到了全院学生的热烈响应,口语社、晨读社等社团成立之初均吸引了近两百位学生报名加入。

其中,英语短剧社在学校学科技能节上组织的短剧比赛获优胜奖。近几年,本专业以英语俱乐部英语口语社的英语口语大赛为平台,选拔浙江省高职高专实用英语口语大赛参赛选手,为参赛选手配备专门的指导老师,对参赛选手进行专项的强化训练,在大赛中取得了可喜的成绩,为应用英语专业赢得了荣誉。

经过几年的探索和总结,第二课堂活动主要包括以下内容:

(1)知识型活动,如英汉语言文化差异专题讲座、英语戏剧表演技巧讲座和英语短文快速阅读技巧讲座等。

(2)基本技能培养型活动,如英语晨读、英语征文、英语翻译练习、英语专项阅读等。

(3)影视欣赏型活动,如英语歌曲演唱、英语影视欣赏等。

(4)英语语言能力展示型活动,如英语短剧表演、英语辩论赛、英语口语竞赛等。

在这些活动中,学生从一个被动的知识接收者转变为一个积极主动的意义构建者,同时也激发了学生的学习兴趣,使学生的潜能得到充分的发挥,培养了学生的合作能力、创新能力和解决实际问题的能力。

(三)第三课堂:开展岗位技能训练

第一课堂的知识传授、第二课堂的技能提升离不开第三课堂的技能实践。第三课堂的技能实践是学生走出象牙塔,走入社会的一堂不可或缺的课程。应用英语专业多年来一直重视学生第三课堂的教学改革实践,与"2＋1"企业不断加大合作力度,从学生简历大赛、工作情景模拟到职场风采技能训练,通过多种形式开展岗位技能训练,不仅为专业学生寻找合适的实习、就业机会,也同时为企业提供寻求优秀人才的平台。

第二节　课程教学模式改革

我国著名学者谈兴华先生认为:"所谓教学模式,是指按照一定教育理论、教学原则和教学经验,围绕一定的教学目标而设计的可操作、可以控制的结构性流程,是教学理论用于教学实践的中介性环节,是教学方法的上位概念。"(谈兴年,1998)教学模式是教育教学理论的具体化,对于教师来说它又是教学实践的升华,所以教学模式是教育教学理论与实践的桥梁,将理论与实践结合起来。教学模式没有好坏之分,只有适用不适用之分。在复合型人才语言教学实践中,近年来较为常见的教学模式有翻转课程教学模式、混合式教学模式、教学做合一和虚拟仿真教学模式。

一、应用英语专业课程教学模式概述

围绕多语种复合型人才培养模式,以增强学生能力为核心目标,通过教学方法与手段的改革,构建符合高职特色的教学模式。

(一)开展基于"翻转课堂",构建"线上 & 线下"的混合式教学模式

应用英语专业依托学校教学形态创新,不断加强课程建设与改革,改变传统的教学模式,建设新形态下的创新性课程,多层面提高课程的教学质量。应用英语专业围绕课程改革与教学创新,以教学团队为单位,开展

"线上+线下"的混合式教学模式创新。《基础英语综合》《外贸英语函电》《跨境电商实务》《国际贸易基础》《基础英语阅读》等课程立项为校级混合式课程建设,由授课教师团队分解学习任务,拍摄原创性教学微视频,上传至学校网络教学平台供学生课前进行自主学习,形成了线上以学生为主体的自主学习、线下师导的课内提升的混合式教学模式。从学生对混合式课程开展的有效性评价来看,基于"翻转课堂"的"线上+线下"的混合式学习模式受到学生的好评。

(二)用"教学做"一体的教学方法,构建"工学结合"的课程教学模式

国际物流实务、商务翻译等岗位工作方向模块的专业技能操作课程,项目课程以及所有的英语应用专项技能训练都采用"教学做"一体化教学。重视让学生在做中学,教师在学生做中教,引导学生在学和做中提升自己的专业知识、技能和英语应用能力,引导教师在教学过程中不断提炼课程教学的能力培养要素和关键教学环节。

(三)用虚拟仿真的教学方法,构建项目导向的课程教学模式

进出口业务操作、外贸英语函电、商务翻译等课程均借助浙科贸易操作模拟软件或东方正龙翻译软件,在校内国际贸易实训室或同声传译实训室进行虚拟仿真的教学,以项目导向设置训练任务,让学生在仿真环境中掌握技能。

(四)运用案例或情景教学法,构建"工作任务"为引领的课程教学模式

商务英语翻译、外贸英语单证等课程普遍适用案例或情景教学法,以培养高职学生在不同工作岗位的基础语言应用能力为主线,由日常交际能力的培养过渡到以职业为依托的语言应用能力的培养,以任务驱动教学模式设计课程内容,突出能力目标,以学生为主体,以项目为载体,体现教学做合一,实践理论一体化,且注重将素质培养渗透到项目每一环节。

(五)用现场教学法,构建开放型的课程教学模式

通过与企业合作"2+1"顶岗实习的办学模式的拓展,打破了课堂教学的时空局限,为构建开放型课程教学模式提供了条件。通过企业建立"2+1"校企合作,将国际货运业务操作、国际物流实务等课程的课堂搬到了校

外实习基地,学生到工作或岗位现场观摩、学习并实际上岗操作,并由正在执行工作任务的企业专家和业务行家为学生做各个任务环节要领等方面的讲解,让学生亲身体验,习得知识掌握技能。

在具体的教学过程中,通常是上述教学方法的相互运用和融合,并借助多媒体教学手段,利用学校已建成的实训教室开展实践教学。同时,广大教师始终把满足岗位需要的职业素质教育融入各教学环节中,在教学过程中培养学生敬业爱岗、遵纪守法、团结协作、讲求效率、注重创新等职业素质。

基于专业进一步的"1+1+X"人才培养课程体系,英语和二外基础课程厚实的能力培养和多方向岗位能力课程,需要适应本专业学生的配套教材。为此,应用英语专业各课程团队逐步推出配套教材,以适应课程与教学改革。X方向课程采用校企合作共建多方向岗位应用型实训教材,专业针对做精学生的"X"多方向岗位实践课程,利用政校企行的通力合作,尤其是校企合作,综合校内外教师的力量,逐步推出建设岗位应用型实训教材,为今后学生基于岗位的实践能力的提高提供良好的保障。

同时,配合信息化教学改革,建设了新形态教材。应用英语专业在全面开展基于信息化的教学改革与课程建设过程中,同步建设新形态教材。这些教材将传统教材与数字化教学资源有机融合,能够更好地适应学生的学习需要,提升学生的学习兴趣。

二、应用英语专业核心课程教学模式构建案例

应用英语专业自2000年开始一直积极进行课程教学改革模式的探索与实践,在课程教学模式改革方面取得了一定的经验。

(一)案例一:开放动态教学模式创新改革实践

随着高等教育的不断发展,大学英语教学也越来越强调打好语言基础和培养语言应用能力并重,强调语言基本技能的训练和培养实际从事涉外交际活动的语言应用能力并重。然而,在现实的大学英语教学中,由于受应试教育以及学生英语学习基础不扎实等现状的束缚,英语课堂教学中教师和学生都过多地把精力集中在语言知识的讲解和学习上,忽视了对学生创造性地运用语言知识能力的培养。课堂教学模式基本以教师控制为主,语言知识停留于表面,形成了传统的单项静态交流的教学模式(倪惠民,2003)(参见图5-1),即教师→教材→学生。这种教学模式下,教师主导课

程,成为教材知识单向的传授者,学生成为教材知识的被动接受者。教学双方机械化处理教材,无法激活习得者身上的创造潜能与参与欲望。当前,一系列语言教学新教材的推出会在一定程度上提高语言教学的质量,但如果教学模式因循守旧,就很难获得满意效果,也很难满足就业岗位对实用性和技能性人才培养的要求。

图 5-1　传统的单向静态交流教学模式

开放动态教学模式的构建是以应用英语专业人才培养目标、规格及对应职业岗位所需要的知识、能力、素质作为课程开发的出发点,进一步突出实践教学,注重教学内容、方法手段和考核方法的改革。结合市场调研阶段收集到的企业专家对学生就业岗位英语基本能力的要求及英语教学目标,应用英语专业基础平台课程教学实践中探索建构一种兼顾学生、教师、教学内容三位一体的开放式动态的教学模式(见图 5-2),以满足职业岗位能力需求。打破传统的教师传授英语语言点的英语课程教学模式,采用以学生为主导的教学组织形式,开展以教材为载体,以职业能力培养为导向的研究性学习活动,在培养学生打好英语语言基础的同时,加强英语综合运用能力,使之更好地具备英语实际应用和交际能力。

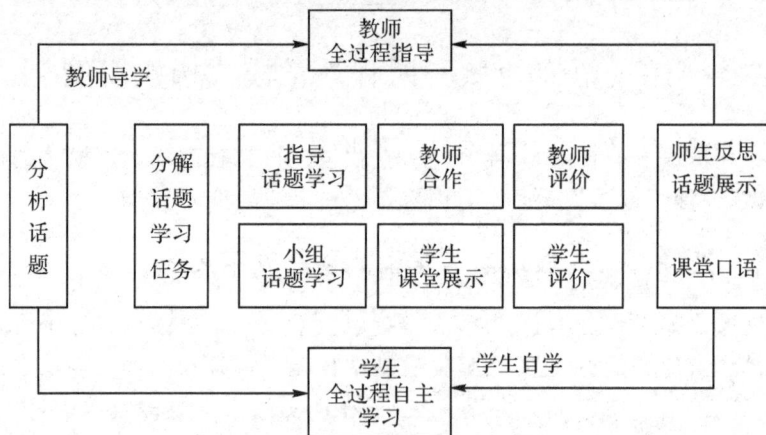

图 5-2　开放式动态的教学过程

1.开放式动态教学模式的概念界定

在对应用英语专业学生的学习动机、学习策略等的调查研究基础之上,授课教师在教学实践中,尝试采用一种"开放式动态教学模式",其设计突出"开放""动态"。"开放"即通过开放的教学内容、开放的教学过程、开放的师生关系、开放的考核方式等要素创设开放的教学环境来更好地体现学生主体地位,加强学生的创新意识。"动态"即构成课程教学模式的各个要素都处于不断地变化和运动之中。师生、生生以及他们与环境之间不断发生相互的作用,进行信息的交流和反馈。笔者在此所构建的"开放式动态教学模式"兼顾课堂教学模式和课外教学模式。课外教学是课堂教学的延伸,课堂教学的内容只有通过课外教学才能得到巩固和发展。课堂教学模式的开放性和动态性,也应该体现在课外教学的模式上。

2.开放式动态教学模式的构建要素

开放式动态教学模式融合开放性动态的教学内容、教学手段、教学氛围、教学指导方式、作业布置及教学评价等教学要素。

(1)开放的教学内容。构建开放式的教学内容分为师生共建课内教学内容和激活课外学习内容。教学内容构建中除了充分发挥教师的积极性和创造力外,强调在教师的科学指导下,结合学生自身条件、需要和能力,让学生成为课程内容构建的另一能动主体,突出学生在教学活动中的主体地位。

应用英语基础阶段核心课程(阅读、翻译)课内学习内容分为两部分:第一,教师根据学生学习实际程度和语言学习项目选出 2 个必学语言话题,用于开学初一个月给学生做小组话题学习的演示性操作。第二,其余语言学习项目要求学生在开学初的一个月内以小组形式进行语言学习话题自由选择,选择的学习内容可以是课本内容,也可以是课外拓展内容,让学生有广泛的自主选择的余地。话题选定后的一个月内,各小组分别以文字形式提交小组的话题学习展示方案。整个选题过程中,教师对学生的选题全程参与、指导。

(2)动态的教学过程。传统的教学过程是教师的"一言堂",即以教师为主的讲解语法和语言点的教学。开放的教学过程是一种学生主动参与、自主探究的过程。在教学中,营造开放民主的学习气氛,给学生想象和自由发挥的空间,给学生获得解决问题的机会,促使其学会主动学习。教学中,通过以下步骤来实施动态性的教学(如图 5-2)。

①学生小组合作课前准备,利用网络和图书馆收集与语言学习话题有关的资料,团队合作设计课堂活动和学习任务。教师给予适时的指导和建议。

②学生话题学习课堂展示——要求学生设计与话题相关的课堂活动,并进行课堂展示。

③同伴课堂评价话题学习展示——要求学生能够针对小组所有成员的表现进行评价和评分。

④教师评价话题学习、总结话题、查漏补缺。

这一过程充分体现了学生自主学习,以学生为中心的教学理念,让学生在做中学,学中做,提高学生学习的积极性,激发学生的创造性。在这种教学过程中,教师的作用不再是传统意义上知识的传授者,而是充当"学习者"——教师参与学生设计的各种学习活动;"救援者"——课堂展示过程中,教师可以提供一次到两次的课内救援,帮助展示语言学习项目的同学解决所遇到的突发情况;"评论员"——教师在整节课中,记录展示组学生展示过程中讲解不到位和失误之处,用以查漏补缺和评价。

学生的作用也不再是传统意义上知识的被动接受者,而是充当"课堂的主人"——展示小组的同学从学习内容的选定到学习活动的设计、活动的实施都是课堂的主人、操控者,能够充分地锻炼和展示各种能力。而非展示组的同学在参与学习活动的过程中除了积极参与各种学习活动外,还兼有对学习活动小组展示同学展示的内容、形式进行评价的任务。通过学生自主学习、展示、评价等环节的实施,创建师生联动的动态和谐的教学。

(3)和谐的教学氛围

教学中积极创设一个开放性和谐教学的情境,努力营造一个民主的、平等的、沟通的、合作的、互动的、交往的、创造的、生成的教学氛围。在教学过程中,教师努力通过对话方式和学生进行学习内容、学习模式、展示方式的课前、课后沟通与交流。在课堂教学中,教师要放弃自己的权威,建立一种对话、平等的教学活动,自觉地走近学生,走进学生的心灵;改变传统的教育观念,为学生创设一种轻松愉快的学习气氛。教师教学过程实质上是一个教师和学生共同参与的过程,是人与人交流的系统,只有充分发挥教师和学生两方面的积极性,才能促使师生间、生生间建立平等的、和谐的、合作的、互动的教学氛围。

(4)多样化的教学指导方式

教学指导模式上,笔者在教学中,采用"师生互导,生生互导"的多项互动的指导模式,深入到学生自学、商讨、调查、展示等各个环节中去,并有效地组织学生相互启发、相互诱导、相互取长补短。由于在开放式教学中,学生学习的时间、空间、方式、方法都是灵活多变的,因此,教师的多项互导也应该灵活多变,以体现指导方式的灵活性和指导结果的时效性,保证教学质量的大幅度提高。由于学生自主学习过程中,会随时有各种问题,所以笔者采用各种方式,比如电话、QQ 等现代化手段来进行指导,每组同学在课堂展示之前可以通过 QQ 方式进行视频教学展示,教师可以和学生对话,对展示内容进行指导。

（5）开放的学习任务布置

开放式教学模式下,需要关注课前课后的学习任务布置。学生通过小组自主学习,能够从学习过程中发现难点和重点,来设计不同难度的学习任务。

实施中,采取两种弹性学习任务布置:一种为展示小组同学结合展示学习项目设计一个预习和复习学习任务。在进行课堂展示之前,展示小组同学会给其他几个小组同学布置一个课前学习任务和课后学习任务。例如,展示关于努力工作这个话题的小组,在课前布置了一个任务让其他小组找出一个成功人士的成功轨迹,并用海报的方式上交成果。这种方式促进了课堂展示的学习质量。而在课堂展示结束后,该展示小组要求每个小组能够设计一张测试卷来总结该话题学习中所学到的知识。每个小组所布置的学习任务根据话题不同而各不相同。学生自主设计学习任务,有利于提高学生的创造能力及总结概括能力。

另一种为教师设计的和学习项目相关的学习任务,通常会有三个难度不同的课后学习任务,由学生按照自己的实际水平挑选完成。

通过这种开放的任务布置,学生的学习自主性和能动性有了很大的提高。同时,通过设计结合生活实际的学习任务,拓宽学生的思路,培养学生的搜集、处理信息能力,引导学生用所学的知识解决实际生活中的问题。

（6）开放的评价方式

学生参与的开放动态教学模式需要有动态系统评价结构与之配合,这种评价结构也应体现开放性和动态性。笔者在评价过程中注重评价内容多元化、评价方式多样化、评价过程动态循环。评价内容主要是展示小组的活动设计内容、展示情况（语言、仪表）等几个方面。评价方式多样化即要通过自评、小组互评、教师评价等方式加强评价方式的公平性和真实性。评价过程动态循环即通过提供多次评价机会、多人评价的方式注重学生成长发展的过程。除了实行量化的评价方式,在评价中积极鼓励学生能够用英文从多个方面进行评价和反思,同时也提高了学生的语言表达水平。

3. 开放式动态教学模式实施阶段的问题

结合教学实践探索和学生的调查反馈,认为在实施动态教学模式过程中,应注意正确处理以下几个问题。

（1）师生角色的重新定位,即学生成为主体,学生的个性和潜能充分发挥,从传统的"被动的接受者"转变成为"主动的创造者";教师要及时更新教学理念,能够倾听学生的意见,和学生进行公平对话,教师的指导作用贯穿活动始终。

(2)确保小组活动中学生的参与度。开放动态的教学模式不是放任自流、无序的教学,相反,它是以学习主体大量的课前准备作为前提的。比如课堂活动的策划、设计、任务布置等都要进行合理的安排,只有做好这些工作,才能为课堂活动的顺利进行创造条件。

(3)小组课后学习的监管措施。开放动态的教学模式不仅体现在课内,还辐射到课外的自学过程。教师可以通过帮助学生建立固定的学习小组,进行定期的小组学习指导,布置多样的学习任务,建立不定期的评价监督体系来培养学生的自主学习能力,充分发挥学生的潜能。

语言学习是一个动态的开放的过程,开放的动态教学模式以建构主义理论为基础,能够充分发挥学生的主体能动性、创造性,体现"教、学、做"合一的教学理念,使学生能够在"做中学,学中做",提高分析问题、解决问题的能力。在探索构建开放动态教学模式以来,学生们对英语学习的兴趣越来越浓厚,在知识的广度、情感的发展、能力的提高上都取得了较显著的成果。

(二)案例二:Jigsaw(拼图法)教学模式创新改革实践

1.Jigsaw Ⅱ模式概述

Jigsaw作为合作学习的一种模式,最初起源于美国,是由美国著名的教育学家和社会学家Aronson和他的学生在1971年开发出来的,旨在建立一种学习者之间彼此依赖、相互合作的学习氛围。此种教学模式一经推出,就受到各国教育界的极大关注和广泛应用。1986年Slavin教授在Aronson提出的Jigsaw模式基础之上,对这一模式进行了发展和完善,在活动开始前,加入全体学生了解学习总任务的环节,并引入了小组间的竞争,教学材料的选择上也有了改进——通常是书中一个章节、一则故事、一篇传记和类似的叙述材料。Jigsaw Ⅱ模式比原来的Jigsaw模式更具可操作性和吸引力,易于激励学习者的学习热情和自我效能感,更适合于语言教学实践。

Jigsaw教学模式是把一个完整的教学任务(学习项目)分割成多个子任务(子项目),将全班分成若干个基本组,每个基本组的组员选择一个子任务,要求其成为该任务的专家;选择同一个子任务的来自不同基本组的成员组成专家组,对子任务进行讨论和分析;结束讨论后,学生重新回到原组,轮流展示自己在专家组掌握的学习任务;轮流展示后,教师进行测评,考查学生对全部任务的掌握程度。

　　基础英语阅读作为英语专业的一门主干课程,贯穿于英语专业学生整个学业阶段,旨在培养学生语言基本功,提高学生综合交际能力。随着高等学校英语课程改革进行的不断深入,各院校纷纷通过教学模式改革、教材建设等方式来加强该门课程的教改力度。但在教学实践中,教师大多还是采用以教师为主体的教学模式,过多地强调语言技能训练,课堂活动单一,学生课堂参与性不强,在一定程度上制约了学生的学习积极性。针对应用英语专业基础英语阅读课程的教学现状,在课堂教学中大胆引入了Jigsaw Ⅱ模式,力求在课堂教学中充分发挥学生的主体地位,激发学生对英语学习的兴趣,从而主动参与到课堂教学活动中,提高基础英语阅读课程的教学效果,以期加强学生的语言学习基本功和综合交际能力。

　　2.Jigsaw Ⅱ模式在英语阅读教学中的应用实例

　　结合学生的学习特点和水平,Jigsaw Ⅱ模式应用在基础英语教学时,需要对其操作模式进行改进和创新。下面以高等教育出版社出版的《英语综合教程》第一册第六单元的教学设计为例,说明 Jigsaw Ⅱ模式在英语教学中的应用。

　　学习材料:Working hard or hardly working

　　学习目标:掌握学习材料的语言难点,理解文章主旨和细节问题

　　教学时间:4 课时,180 分钟

　　(1)课前准备活动。

　　基本小组课前预习:教师将第六单元的 Text A 课文布置给学生,要求学生以小组方式进行预习,结合教材课后练习 First Reading 和 Second Reading 中列出的阅读任务,理解文章主旨及个别细节问题,并找出文章中读不懂的句子、不理解的表达方式。

　　(2)课堂实践活动。

　　第一步:基本组任务分配(2 分钟)。

　　教师将 Text A 阅读文章分成六大部分(分段综合考虑课文原始段落的长度和难度),分别标号为 A、B、C、D、E、F,要求每一小组同学选取自己喜欢的字母,每一字母对应相应的段落。要求六个组选择同一字母的同学重新组合成一个新的小组。

　　第二步:专家组讨论(25 分钟)。

　　此阶段的主要任务是负责讲解同一学习材料的学生形成临时专家组,在同一组进行讨论。每位成员把课前预习中发现的问题提出来,教师安排

一位同学做组长,记录每一位同学提出的问题数量及回答的问题数量,并组织同学对学习材料的各个要点进行讲解演练。专家组讨论 15 分钟后,教师给每一小组发放一张任务单,内容包含有篇章理解(阅读)、难句分析、词汇应用、实战操练等多个围绕教材课文内容、课后习题所设置的任务。为确保专家组同学对于任务单上的任务讲解分析的正确性,在学生讨论过程中,教师可以巡回于各小组间,进行疑难问题的解释。但教师要规定每组的求助次数不得超过 3 次,旨在鼓励学生相互协作,克服困难,努力解决问题。

第三步:小组汇报(40 分钟)。

经过专家组的讨论后,专家组成员重返到自己的原始小组中,向小组其他成员讲解在专家组讨论的任务单,进行小组合作学习,并将无法解释清楚或有异议的问题记录下来。

第四步:小组测试(23 分钟)。

学生对于学习内容的掌握及讲解情况主要通过测试来了解。教师将任务单上的重点疑难问题编制成试卷,分发给学生,要求学生在规定的时间内完成试卷,以小组方式上交,教师提供参考答案,组组互换进行批阅,通过生生互评的方式可以加深学生对于难点的理解和掌握。批改完成后,教师收回所有试卷,进行学生学习情况的了解和分析。

第五步:教师答疑及知识点梳理(90 分钟)。

采用 Jigsaw Ⅱ模式,结合我院学生学习情况,在实践过程中,加入教师答疑及知识点梳理环节,帮助学生加强和巩固通过小组合作完成的学习任务。通过小组测试,教师可以了解学生在语言知识、篇章结构、文化常识等方面的未掌握内容,从而设计多项教学活动来进行答疑解惑,如通过英汉互译来讲解篇章中出现的语言知识,通过阅读问题来帮助学生理清篇章结构,通过影片或者讲故事的方式来帮助学生习得文化常识。利用这种方式,学生的课堂积极性和参与度非常高,有效激发了学生的自主学习能力。

3.Jigsaw Ⅱ模式实施中的注意事项及对策

Jigsaw Ⅱ模式是合作学习的其中一种方式,它不同于传统的教学模式,每个学生都要参与专家组的任务讲解,并回到原始小组中作为主要角色对任务进行讲解和分析,所以整个活动过程学生既要独立思考,也要团队合作,相互依存,这一模式为学生参与学习过程提供了良好的途径,但是在实施过程中也要注意如下问题。

(1)基于学生语言水平和能力分组,避免分组不合理。

Jigsaw Ⅱ模式的实施主要基于学生小组讨论,因此合理的小组成员构成是非常重要的。教师在分组前,要对学生的语言水平和能力充分了解,每个小组都包含学习成绩高、中、低不同层次的学生,避免语言能力强的学生选择和自己能力相当的同学为同伴,不利于小组活动的开展及学生的共同进步。

(2)增强学生自主学习能力,提高学生课堂参与性。

学生良好的自主学习能力是有效开展 Jigsaw 模式的基础。在实施 Jigsaw 模式前,教师要向学生解释该模式的操作方法和优势,让学生了解自主学习的重要性,做好课前预习和课后复习。Jigsaw Ⅱ 模式操作过程中,每个学生都有权去发言,去分解子任务,不是作为被动的"知识接受者"而是作为"知识的构建者",如果课前没有做好充分的预习,很难在有限的时间内完成任务。如果自己任务完不成就无法向全组成员进行讲解,会受到全体组员的埋怨,因此这也迫使每一成员做好课前预习,增强自身的自主学习能力。

(3)教师课前充分备课,合理分割学习任务。

教师课前充分准备是开展 Jigsaw 模式的前提条件,Jigsaw Ⅱ 模式的操作前提就是教师在授课前要对学习内容进行有效的任务分割。教师对总体任务要有把握,根据学生的学习水平差异进行有效的划分任务,尽量做到每组所完成的任务难度相当,接近学生的学习水平。此外,教师要能预见在 Jigsaw 模式操作过程中出现的问题,在任务设计或者课堂巡视中进行解决。

(4)采用合理的监督评价方式,有效监督学生学习效果。

Jigsaw Ⅱ 模式是在学生合作学习的情境中进行的。在合作学习过程中,学生自身的学习动机和小组间的学习动力至关重要。小组合作学习很容易让学生依赖同组学生,在专家组讨论过程中,有些学生会只当"听众",不做"主角",为了避免这一现象的发生,教师要确保小组成员明确自身任务,同时也要细化小组成员间的互评,小组成员间既互相依存,又要互相监督。此外教师在巡视过程中,要监控学生的学习活动,做好协调工作。反之,教师不注重监控,整个教学活动会成为一盘散沙,达不到预期的效果。

(5)重视课内学习任务效果监测,及时补漏。

Jigsaw Ⅱ 模式注重培养学生的认知和思辨能力,但是由于学生的语言基础较薄弱,在任务分析过程中,常常会有理解上的偏差。如果一个学生对于子任务理解错误,可能会误导其他学生的理解,所以在 Jigsaw Ⅱ 模式操作过程中,教师要重视活动结束后的监测环节,通过监测发现学生误解或者没有掌握的知识,及时补漏,帮助学生系统化地学习,引导学生对学习任务深入思考,提高语言应用能力。

(6)定期进行学生反馈,及时发现教学过程中的问题

Jigsaw Ⅱ模式是基于合作学习的一种教学模式,学生通过小组合作来完成教师给出的任务。在合作学习过程中,由于课时有限,教师很难对每个学生的学习效果做出很全面的评价,也无法获得学生对 Jigsaw Ⅱ模式的反馈,因此教师可以通过访谈来了解学生的学习状况以及 Jigsaw Ⅱ模式在教学中的应用效果,从而能发现教学过程中的问题,及时找出解决的方法,努力提高教学质量。

Jigsaw Ⅱ模式一改传统教学的教师"一言堂",取而代之的是要求所有学习成员积极地参与到课堂的教学活动中,变教师的"灌输"为"指导",能有效地调动学生学习的主观能动性、认知能力、思辨能力、合作意识。无论从理论上还是从实践上,该种教学模式都具有极强的可操作性。

(三)案例三:多模态听力教学模式创新改革实践

高职英语教学的目的是培养学习者用英语进行交际的能力,在英语语言学习中,听力是一项非常重要的技能,听力技能的薄弱往往成为制约英语综合应用能力提高的瓶颈。听力教学局限于教师使用单纯的音频资源授课,学习者仅仅通过听觉获取听力内容来理解吸收,这种模式形式单一,费时低效,学生难以发挥学习主动性。近年来随着高职教学改革的不断开展和深入进行,广大高职英语教学工作者也不断努力提高英语听说教学质量,在听力教学中加入视频资源,采用基于网络听力自主学习模式。但是视频资源在提高学生听力方面有何作用,如何能充分利用视频和网络解决学生在听力理解上的困难,提高学生听力学习的自主性,是广大研究者亟待思考的问题。

1. 多模态的概念界定

"多模态"是指人们用各种各样的符号资源来完成意义构建,而各种不同的符号资源构成了多模态(Halliday,1985)。Levine & Scollon(2004)更清楚地界定了多模态是指交际时所采用的多种模式,如言语、色彩、味道、图像等。我国学者顾曰国(2007)指出"模态"是人类通过各种感官(听觉、视觉、触觉等)跟外界环境(人、机器等)之间的互动方式。涉及单个器官互动的叫单模态,用两个器官进行互动的叫作双模态,用三个或三个以上的感官进行互动的叫作多模态。

2.多模态教学研究现状

随着计算机辅助语言教学的发展,外语教学与教育技术应用之间的关系越来越紧密,欧美学者早在十几年前就在教学领域中实施应用研究。而在我国,基于系统功能语言学的研究和国内外多模态话语分析的兴起,多模态理论在外语教学领域的应用研究也逐步引起诸多学者的关注,成为研究焦点。多模态教学研究内容较为广泛,有众多学者对多模态教学理论进行了研究。如顾曰国(2007)区分多媒体和多模态学习的概念,建构用于剖析两种学习的模型,对多模态教学研究有着深远的意义。张德禄(2009,2010)对多模态外语教学宏观模式和框架进行了系统研究,研究更加侧重多模态话语理论和教学实践的结合,重点关注外语教学中的多种模态协同与配合。此外,近年来我国学者对于多模态教学模式的研究,基本覆盖了外语教学听、说、读、写、译等各个教学环节,其中也不乏关于多模态听力教学的研究。王玉雯(2009)、李欣等(2012)从多模态自主学习模式设计出发,介绍多模态教学模式;龙宇飞、赵璞(2009)构建多模态与元认知策略交互模式,并对其效度进行了研究;胡永近、张德禄(2013)认为听力输入的多模态设计能够显著降低学生听力理解难度,试听感知信息内容的一致性是促进听力理解的关键;谢竞贤、董剑桥(2010)也认为听力教学应该根据"可理解输入"原则来设计。

心理语言学认为听力理解涉及三种因素:词汇理解、句法分析、记忆过程和认知。Richards(2002)将听力理解的模式和功能相结合,创造了听力教学的矩阵。听力教学矩阵为多模态条件下的听力材料的选择和数量提供了模本。基于多模态视角下的听力教学,可供选择的各类听力资源非常多,如果只是简单地罗列堆积这些网络资源,费时又低效,加重学生的负担,降低学习效率。正如 Sweller 的认知符合理论中所提到的工作记忆容量是有限的,人类很难同时加工多种来源的信息,超过了工作记忆的容量,学习将会无效。当知识含有多种相互作用的元素时就会加重认知负荷。所以听力资源的适量以及多模态视角下的课程内容的适度是非常重要。在这一点上,"可理解性输入"认为语言习得只有在人们理解目的语的信息时才会产生,二语习得的输入很大程度上取决于听力的输入。根据可理解性输入原理,在设计听力任务时,要考虑新旧信息的比例,尽可能减少重复信息。

3.多模态教学听力教学模式应用实践

在基于多模态教学理论的听力教学模式构建过程中,教师要调动学生的多模态感官,促进学生通过多种感官进行意义的建构和整合,正确的模态选择直接影响着学生听力学习的成果。当前教学背景已经超越了传统的单一文本呈现方式,多媒体互联网的应用已经在教学中占有一席之地,借助这些资源,多模态展示呈现出英语听力教学的意图,为学生提供声闻并茂的多种感官体验训练,对学生的听力理解能力是极其重要的。

(1)分析多模态的听力教学模式构建的切入点。

第一,注重听觉模态:听觉模态是大学英语听力教学中所必然涉及的模态形式。为了提高学生的听力水平,教学过程中,必须以听觉模态为中心,适当运用图片、视频等二维或者三维的视觉模态,增加学生的信息整合能力,加强其对听力材料的理解。

第二,重视视觉模态:在听力教学中使用试听材料使声音和图像相结合,视觉和听觉相结合,语言和情景相结合,对视觉型、听觉型、感受型等各类学习风格的学生是有益的。教师可以采用多种方法加强课堂中的视觉模态的作用,在PPT课件的制作过程中,在文字为主题的前提下,可以通过强化PPT的色彩和图文并茂的方式引起学生的注意。

第三,应用触觉模态以及其他模态:在多模态英语听力教学的语境中,除了占主导地位的听觉模态和视觉模态,还可能存在着其他模态形式,如触觉模态、嗅觉模态等。在英语听力课堂中,触觉模态出现在师生、生生以及师生与周边环境(教材、教具以及多媒体设备等)的肢体接触上。师生和生生相关的触觉模态因素是较为灵活多变的,在听力教学互动的过程中,触觉模态偶有出现,如在进行针对听力材料内容所涉及的讨论和复述等活动时师生或生生的身体接触。通常情况下,教师对于大学英语听力课堂上涉及触觉模态的教学任务的设计标志着听力课堂的灵活性和任务的多样性。因此,教师在设计大学英语听力课堂的教学任务时可适当考虑触觉模态因素的引入。

第四,协调多模态的相互关系:多模态听力教学的关键在于教师对多模态因素的协调,使之达到最佳配置,相互协同。在不同的教学任务中,教师应调整不同模态之间的配比关系,以突出强化某一模态。因此,在英语听力教学中,教师应根据不同的教学内容,设计各种多模态按不同比例配置的多模态教学任务。原则上,大学英语听力多模态应以听力模态为中心,其他模态无论是视觉模态还是触觉模态均应以强化听觉模态为最终目的。

第五,构建语言教学的文化模态:在英语听力教学过程中,教师应注意多模态教学中文化语境的建立,教师应具备必要的文化模态构建能力,在教学过程中应有意识地强化学生的文化模态辨识能力和运用能力。这可通过多种方法加以实现,例如,在教学任务的设计中,可更多地考虑多模态下的真实语境的创造,尽可能地使学生体验到文化模态的存在,创造类浸入式教学环境,亦可通过积极为学生创造更多的多模态参与机会的方式,加强学生对文化模态的学习。

(2)构建多模态理论的听力教学模式。

在听力教学理论中的"听力矩阵""可理解性输入"等原则基础之上,结合听力教学法专家 Underwood 总结的听力教学三环节,综合设计多模态教学活动(如图 5-3 所示)。实施多模态英语听力教学时,要求授课教师能精心准备,设计科学合理的教学设计,包括课前的教学资源和材料准备,课堂教学内容的设计和教学环节的设计,以及贯穿于整个教学过程的听力策略培训。

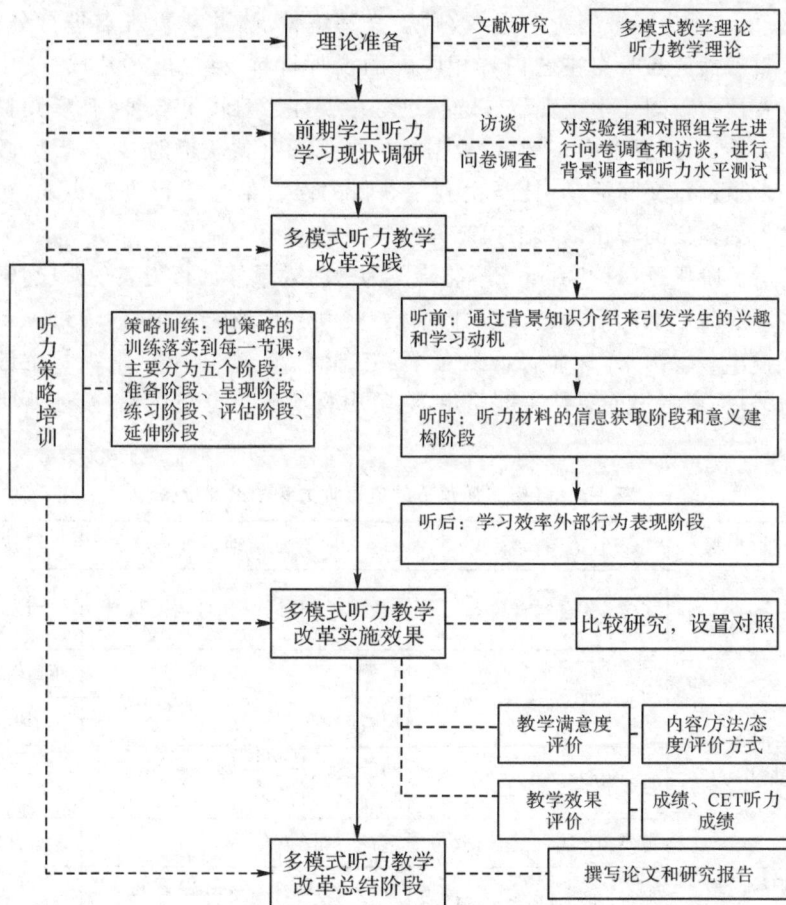

图 5-3　多模态视角下的英语听力课堂改革实施方案

多模态听力教学设计如表 5-3 所示,主要分为听前阶段(Pre-listening)、听时阶段(While-listening)和听后阶段(Post-listening),各阶段涉及不同的模态。

听前阶段（Pre-listening）：教师根据文章主题通过一段概括性的音频内容及相关的图片给出背景知识介绍来引发学生的兴趣和学习动机，以便激活或者补充学生的长时记忆。由此，利用丰富的多媒体材料来刺激学生的多种感官，让学生在多媒体和教师之间展开互动，此阶段为听前的模态转换。

听时阶段（While-listening）：这一阶段是听力材料的信息获取阶段和意义建构阶段。在此阶段，教师将教材上的教学内容和相关的网络资源有机融合，创设一种有利于学生建构生动形象的情境。教师播放听力材料的完整录音，学生完成听力习题，教师检查理解情况，并对重难点进行分析。接着教师播放与听力主题内容相匹配的视听材料、英语电影片段、文化短片或者视频新闻让学生观看。选择过程中要注意难度和长度，视音频材料不能太难，长度要适中。最后，根据学生视觉和听觉获得的语言信息，教师组织学生进行交际活动，让学生利用获得的语言信息进行语言实践，实现从输入到输出的转化以及多模态间的相互转换。

听后阶段（Post-listening）：此阶段为学习效果外部行为表现阶段，学生通过对短时记忆的信息进行重组、编码，将其转换成长时记忆，通过一定的形式输出表现出来，从而降低遗忘率。在此环节，教师可以组织学生进行听写、口头或者书面总结主题思想，对听力材料进行分组讨论，复述所听到的内容。

表 5-3　多模态视角下的英语听力教学设计步骤

教学步骤	模态互动模式	教学活动设计	学习技能
听前阶段 Pre-listening	视觉、言语器官模态	问答，预测，词语和短语的选择	说
听时阶段 While-listening	视觉、听觉、源文本模态	问答	听、读、说
		配音	说
	听觉模态	问答，多项选择题，填空，句子听写	听、写、说
	视觉、听觉、目标语模态	笔译、口译	笔译、口译
听后阶段 Post-listening	视觉、听觉、混合文本模态	角色表演，小组讨论，复述，写小结	说、写

此外，在多模态听力教学实践中，除了用网络等多种手段提高学生的英语听力学习能力和水平，在听力教学过程中，要注重对学生进行听力策

略培训,将听力策略训练融入听力教学的各个环节中。在教学中注重培养学生的推理策略、记忆策略、监控策略。

(3)基于混合式理念的课前英语自主学习体系构建。

英语听力自主学习课堂的设计离不开网络学习平台的建立,网络可以整合文本、图片、符号、视频、音频等多种形式的资源,为教师的教学和学生的学习提供各种选择。在网络学习平台上,教师使听力素材以恰当的模态或模态组合呈现,丰富的形式更容易调动学生的各种感官,使学习过程更为有趣,学习效果事半功倍。针对课前自主学习的内容,教师通过多次教研活动,按照语言点、能力点进行碎片化处理,以适合移动式或碎片化学习的需要。课前自主学习体系构建主要包括听力策略自主学习模块构建、听力自主学习模块构建。

听力策略自主学习模块构建:将整门课程关键听力策略分解成以语言学习项目为载体的微视频呈现。教师录制听力学习策略微课视频,收集与听力主题相关的背景信息的音视频、文字、图片资源上传至网络学习平台和班级 QQ 群,要求学生课前进行自主学习。

听力自主学习模块构建:课题组成员按照课程内容分解学生课前学习资料,上传至网络学习平台,供学生课前自主学习。同时,网络的交互性可以让众多学生在同一时刻进行在线提问,从而及时获得教师的指导和其他学生的帮助。此外,通过自主学习模块的学习反馈,教师可以及时了解学生学习情况。

(4)基于柯氏评估理论的多模态听力教学模式的教学效果。

本案例应用对象为宁波城市职业技术学院应用英语专业 2017 级学生参与混合式听力教学的 A3 班,在实验初期选择了同一年级的对照班级 A4 班。对实验班级采用基于多模态理论的听力课程混合式教学模式,对照班采用传统教学模式。在为期一学年的实验结束后,对实验组和对照组的学生进行教学效果评估,以检验两种教学模式授课效果的差异性。实验数据收集通过问卷调查、英语听力成绩收集、访谈三种方式。统计数据分析表明:听力课堂中,采用混合式教学的效果评价的得分从高到低依次是反应层、行为层、学习层和结果层,表示参与混合式模式开展听力学习的同学们对这种学习模式较为满意,认为教师的教学水平较高;结果层的分数较低,是由于学生在经过混合式学习后,知识、技能、态度的迁移需要一定的时间来显现。根据 Kirkpatrick 的研究,学习者在行为上的变化可能在培训后的任何时间发生。混合式学习模式有利于提高学生自主学习、解决问题的能力,从而提高学习成绩。但对于采用基于多模态理论的听力课混合式学习模式的学习者,在课程学习结束后的实习期乃至在步入社会之后的听力迁移能力如何,是否会有更好的绩效表现,也是值得进一步探讨的问题。

在语言学发展过程中,仅从语言教学角度分析提高学生的英语听力技能是远远不够的,还需要考虑许多的非语言因素,如场景环境、表情语言等。我们进行语言交流时需要听觉、视觉、触觉等多感官同时发挥作用。而如前所述,这种多感官作用下的交际就称之为多模态交际。由此可见,在英语语言听力教学中,多模态教学模式对培养学生的英语听力能力有普遍的应用意义。

多模态理论弥补了传统听力教学设计的不足,基于多模态理论,听力课程设计应充分利用多媒体教学条件,最大限度地调动和促进学生的多模态学习,使学生不仅通过听觉、视觉等模态加强信息输入,又作为交流的主体,通过口头、书面等交流模式,强化反馈、互动等输出机制,进行有效的学习,更能体现出自身的主体性。

(四)案例四:同伴导学教学模式创新应用

混合式互动学习聚焦于把传统学习方式的优势和网络化学习的优势结合起来,这样既能发挥教师引导、启发、监控教学过程的主导作用,同时也可以充分体现学生作为学习过程主体的主动性、积极性与创造性(何克抗,2005)。在混合式学习过程中,教师既可以和学生进行面对面的传统教学,又可以通过网络平台进行在线教学。另外,教师还可以在网络平台进行备课、设计教学活动、查看学习情况、检查学生作业完成情况等工作,而学生除了在课堂中进行学习之外,还可以在线上开展自主学习和同伴互助学习,顺利完成学习任务。教学实践表明,基于"同伴导学制"的课堂教学活动能够保证混合式学习模式实施的有效性,"同伴导学制"混合式互动学习模式是一种行之有效的教学模式。

1. 同伴导学制的概念界定

同伴导学制(Reciprocal Peer Tutoring)是由美国学者 John Fantuzzo 和他的同事最早提出的,是一种基于小组为单位开展的同伴学习活动,小组内所有成员轮流做"指导者"和"被指导者",实现小组成员间的互助学习、互相支持、互相评价。近年来,国内外同行对于"同伴导学"的研究越来越深入,大量研究都表明同伴互教或者同伴辅导可以有效提高学生的学习能力,无论是导学者还是接受导学者都认为在此过程中他们收获甚多(Slavin,1991;Rittschof & Griffin,2001)。但是也有学者指出,同伴互教的内容多为接受性的基础知识,如果同伴的学习能力不强,或者对知识的理解正确性不高,会对同伴互助学习的效果产生消极的影响。因此,我们在混合式学习模式下开展"同伴导学制"的教学实践经验表明,在开展同伴导学活动前教师要帮助学生做好知识的储备,要求学生课前自主学习教师在网络学习平台上上传的视频学习材料、文本导学教案,同时在网络学习平台上进行疑难问题的讨论学习;在传统的课堂教学中,根据教师给出的任务单,组建课堂学习小组,开展课内导学学习活动。

2.同伴导学制的理论基础

同伴导学制深层次的内涵融合了合作学习理论、学习金字塔理论、群体动力理论等不同教学理论。

(1)合作学习理论。

有关合作学习(Cooperative Learning)的正式研究始于20世纪50年代的美国,该理论一经提出就引起了西方国家的广泛重视和研究,并形成了多种合作学习模式。作为合作学习的主要代表人物,以色列特拉维夫大学沙伦博士对合作学习的内涵进行了界定:"合作学习是组织和促进课堂教学的一系列方法的总称。学生之间在学习过程中的合作则是所有这些方法的基本特征。在课堂上,同伴之间的合作是通过组织学生在小组活动中实现的,小组通常由3—5人组成,小组成员间相互交流展开学习。""同伴导学制"正是合作学习的一种典型形式,凸显成员间的相互支持、相互交流,完成共同的任务,实现学习目标。

(2)学习金字塔理论。

学习金字塔理论是由美国学者埃德加·戴尔(Edgar Dale)在1946年提出的。此后,美国缅因州National Training Laboratories也做过类似的研究,称之为"Learning Pyramid",其结论与埃德加·戴尔的结论相似。本文引用的是美国缅因州国际训练实验室研究的金字塔理论(如图5-4所示)。学习金字塔理论表明:学习者采用不同的学习方法,获得的学习效果不同,对知识的保持率差异较大。学习方法可以分为被动学习型和主动学习型。被动学习(听讲、阅读、试听、演示)的学习留存率较低,从5%—30%不等;而主动学习(讨论、实践、教授给别人)的学习留存率较高,从50%—90%不等。其中在所有的学习方式中,向别人讲授、相互教这种学习方式的知识留存率最高。这一理论也为"同伴导学制"的实施提供了有力的理论基础。

(3)群体动力理论。

群体动力理论由美籍德国人库乐特勒温在1939年首次提出。他指出团体中的各种潜在的动力间具有交互作用,团体会对个体行为产生一定的影响,团体成员之间具有相互的依存关系,尤其团体成员为了团体间的成

图 5-4　**Learning Pyramid**（学习金字塔）

资料来源：National Training Laboratories. Bethel，Maine（美国缅因州的国家训练实验室）

就会去做创新的探索。群体动力理论表明在小组活动中，小组成员与小组整体具有相互的依存关系，会为小组的集体荣誉贡献自己的力量，发挥自己的最大潜能。

3.基于同伴导学的混合式互动学习模式的构建

基于同伴导学的混合式互动学习模式的构建，主要涉及课前自主学习阶段、课内探索学习阶段以及面授后的梳理总结阶段，模式如图 5-5 所示。

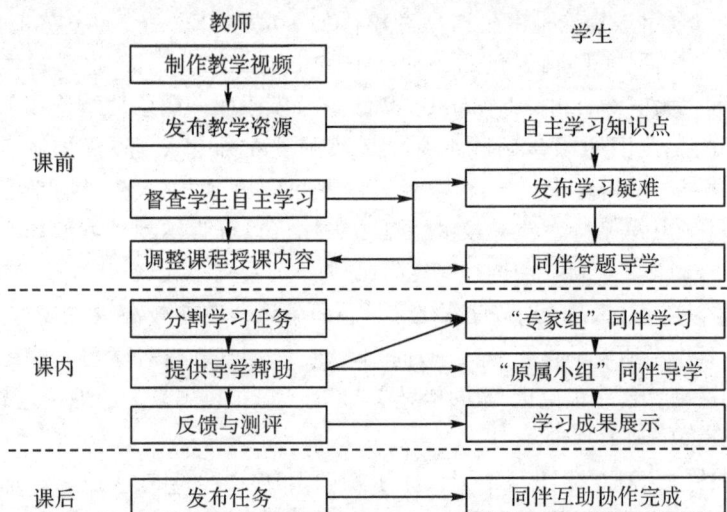

图 5-5　基于"同伴导学制"的混合式互动学习模式

　　这一模式充分体现了混合式学习、合作学习、学习金字塔理论和群体动力理论的内涵。课前,学生借助移动教学平台,采用自主学习和同伴互助导学的方式开展自主学习、合作学习。课中,学生在开展小组合作式的探究学习基础上,将探究的知识讲授给原属小组成员,这正体现了学习金字塔中的主动学习,凭借讨论、教授给别人的方式可以固化学习内容,知识留存率较高。同时,教师在发放检测题目时采用以小组为单位的方式,可以有效激发学生学习热情,充分调动小组合作学习、学生自主学习的原生动力,从而提升小组的内聚力。

　　(1)基于同伴导学的混合式互动学习模式开展的准备活动。

　　原属学习小组组建。教师可以通过测试、问卷、访谈的方式了解学生的学习基础、性格特点、性别差异、学习能力、信息化水平程度等,并依据"同组异质,异组同质"的分组原则对学生进行分组。每组成员具有不同的学习层次、不同的性格特征,即同组异质;同时每个小组成员的异质,使得全班各小组间具有同质性,有利于小组间的交流和竞争。通常情况下,一个小组的成员数在6人左右。

　　混合式学习策略培训。开展自主学习前,教师首先要对学生开展混合式学习所需要的自主学习策略、网络学习平台操作方式、混合式授课模式、课程考核方案等进行有序梳理,并以视频资源或文本资源的形式上传至学习平台,供学生了解、学习。

　　(2)基于同伴导学的混合式学习模式实施步骤。

　　①课前自主学习阶段。在同伴导学的混合式学习实施过程中,我们采用了"蓝墨云"班课移动学习平台。教师在授课前,将学习任务单、学习材料(视频、文件)上传到"蓝墨云"班课的"资源"中,要求学生按照任务单提示完成课前自主学习。学生可以通过手机随时随地在班课中查看学习资源,并将学习过程中遇到的疑难问题发送在学习平台的"答疑讨论"栏中。为了激励学生的学习积极性,教师会浏览学生参与答疑的情况,并根据学生的学习提问情况赋予相应的经验值奖励(各类活动的经验值按一定的权重折合计入学生的期末总评成绩)。学生利用云班课平台进行互助学习,对同伴提出的疑问进行讨论、解答。教师会对同伴答疑情况进行"经验值"赋分奖励,鼓励学生的课前同伴互助学习;同时,根据学生的疑难问题调整课堂授课内容,做到真正基于问题导向的因材施教。

　　②课内探索学习阶段。基于同伴导学混合式学习模式中的课堂教学与传统的课堂教学有很大程度上的不同。混合式教学模式的课堂教学是学生对知识的应用和提高的过程,更加强调学生的主动参与来实现其对知

识的内化,因此教学活动的设计应该以学生的探究学习为主线。课堂面授活动可以分为以下步骤:

第一,学习任务分割。在课堂面授环节,以小组形式开展同伴导学活动。根据学生课前自主学习提问的情况,结合教学内容的重难点,教师将语言学习分割成难易程度相近的学习任务,学习任务数与每一小组成员数相同。

例如,教师根据教学内容,录制了9个视频供学生课前学习。课前教师根据学生学习后的疑问将关于9个视频的疑难问题分成了6组学习任务(授课班级原属小组成员均为6人),分别命名为A、B、C、D、E、F、G。

第二,组建"专家组"同伴学习。教师要求每一个"原属小组"的每一位成员在教师给定的学习任务中任意选取一组。"原属小组"中选取同一组学习任务的同学重新组成一个小组,称之为"专家组"。例如,在笔者授课的班级中,来自6个"原属小组"中选择任务A的同学重新组建一个新的小组,命名为"专家组A"。"专家组A"的所有成员就自己选择的任务A进行研讨式、理解性学习。

第三,回归"原属小组"同伴导学。"专家组"成员在进行研讨式学习后,各成员回到自己的"原属小组"进行同伴导学,即各成员轮流充当"教师"的角色,在小组内将自己在"专家组"的学习成果清晰地传授给其他同学。此时,教师也需要巡视学生的导学过程,记录学生在导学中出现的问题。

第四,反馈与测评。教师针对学生导学中出现的问题进行答疑解惑,帮助学生梳理学习内容。为了固化学生所学知识,教师通过"蓝墨云"班课,发布测试题目,题目可分别设计为个体记分和小组记分形式,既可以了解学生个体的学习情况,也可以用来激励小组的团队合作。正如群体动力理论指出的,团体中的各种潜在的动力会促使团体成员积极投入新的创新,并能因为小组的集体荣誉感而发挥自己所有的潜能。因此,在反馈和检测阶段设计小组测试题目,可以有效地激发小组成员的综合潜能,高效发挥成员个体的最大潜能。

③课后梳理总结阶段。教师发放课后导学案引导学生对课前、课中的学习活动进行回顾,帮助学生完善知识结构。教师要求学生在提交个人作业前,同伴间需对相互的作业进行评价点评,这样可以使学生在评价作业时开展交流和合作,引导学生积极参与,增进学生间的多向交流,从而有利于学生取长补短,让在与同伴学习的比较中进一步认识自我。

4. 基于同伴导学的混合式互动学习模式的教学评价

基于同伴导学的混合式互动学习模式的教学评价分为三个维度,即在线学习平台提供的学生学习评价、小组成员间的匿名评价、教师评价。在线学习平台能将学生在学习平台上的学习轨迹记录在案,并能及时向教师反馈学生的自主学习问题,以便教师及时对学生的自主学习、合作学习情况进行督学。利用学习平台的同伴互评功能,参与合作学习的小组成员可以采用匿名的方式就课前疑问讨论的参与度、贡献度、课上讨论、讲解的积极性和准确性等方面进行相互评价,便于教师多维度收集学生的课前自主学习情况。此外,教师可根据课中知识检测环节中学生的学习表现对学生进行量化评价。

5. 基于同伴导学的混合式互动学习模式的优势

基于同伴导学的混合式互动学习模式是对传统填鸭式、启发式教学模式的挑战,是对课堂主客地位的一种颠覆,是高科技进课堂与时俱进的一种学习策略。归纳起来主要有如下优势:

(1)实现在线学习和传统课堂教学的优势互补。

在线学习不受时间、空间、地域的限制,学生可以利用碎片化的时间自主安排学习。此外,利用自主学习平台,学生可以及时得到同伴、教师的帮助,在一定程度上提高了学习效率。在教育技术的不断推动下,传统的面授形式也发生了改变,不再是教师单纯的知识灌输,教师根据学生课前学习的难点设计教学活动,根据课堂教学中学生的学习状态实时调整教学策略、教学活动。通过线上学生自学、同伴导学,线下小组探究、同伴教学的方式充分发挥在线学习和传统课堂教学的优势互补。

(2)充分体现以学生为主体,教师为主导的教学理念。

基于同伴导学的混合式教学模式的开展,可以有效增强学生学习的主动性,改变了学生过去"被动学习"的模式。而教学过程也不再是单纯的知识传授过程,而是更注重学生的知识生成过程。教师通过利用多媒体资源、网络资源、学习平台给学生的自主学习提供资源和必要的帮助,从而真正地发现学生的学习需求,鼓励学生自主探究与合作交流。新的教学中强调学生的自主探究,通过交流与合作去寻找解决问题的方法,感悟知识的生成过程。而随着"知识传授"逐渐向"帮助学生"转移,教师的角色也将演化为"协助者""指导者"。同伴导学制的教学理念是充分以学生为主体,教师为主导。这改变了传统的教学模式,取而代之的是在教师的导学下,学生开展课前知识的自主习得,将知识点的学习前移到课前,自求不得时可以求助于老师,做到真正将课堂还给学生,让学生开展研究性学习,实现知识点的固化和延伸。

(3)解决大班"广播式"教学现状。

传统教学中,由于自然班级的班容量大,教师无法实现因材施教,授课中多采用"广播式"教学模式。采用基于同伴导学制的混合式教学模式,学生课前通过线上自主学习,将个性化的问题发布至学习平台,同伴间相互答疑解惑;课中教师组织学生以小组形式对学生提出的疑难问题进行合作学习,采用学与教相结合的模式实现对知识的深化学习,固化知识技能,关注学生的个性化学习需求,以问题解决为导向开展教学,有利于解决大班教学中"满堂灌""教师一言堂"的现状。

(4)提升学生的数字素养。

在互联网与移动互联网的技术背景下,提升学生的数字素养成为教育界热议的主题。数字素养的提升不仅需要学生具有基本的技术技能,而且需要具备一些行为技能,如协作能力和批判性思维能力。基于同伴导学的混合式教学模式实施过程中,要求学生在自主学习时,能熟练应用数字化平台,有效利用数字化资源;在同伴互助学习时,能相互学习,学会搜索、甄别、处理各种信息;在针对同伴提出的疑问进行答疑时,思维能不断拓展,不断增强批判性思维,在很大程度上提高自己数字素养的行为技能。

随着教育信息化技术的不断发展,未来的课堂一定不是单向的、无互动的课堂。基于同伴导学制的混合式教学是多向的、互动的过程,既包括师生之间的互动,更包含生生之间的持续互动。同伴导学中的"互教"模式,激发了学生参与小组合作学习的热情,加强了学生解决问题的能力,固化了学生的知识,有助于学生批判性思维的形成。基于同伴导学制的混合式教学使得师生之间的交流变得更加顺畅,师生角色翻转,教师的"教"变为"导",学生单纯的"学"变为"学—教"。通过建立"专家组"课中问题研讨的形式,具有不同学习能力的学生合作学习,共同解决问题,给学生提供发表观点的"安全感",鼓励学生大胆表达、积极思考。此外,"专家组"成员在讨论结束后回归"原属小组"进行知识的传输,这一模式也有利于提高学生的表达能力,提升学生的自信心以及责任意识。而在面授环节的知识检测与反馈环节,充分体现了教师"导学"的作用,针对学生知识、能力的欠缺之处进行及时的了解、补充与提升。基于同伴导学的混合式互动学习模式的构成成为一个产生问题、解决问题、固化知识、迁移知识和创新知识的过程。

(五)案例五:基于翻转课堂的新型混合式教学模式构建与应用

随着信息技术和互联网技术的快速发展,教育信息化程度不断加强。20 世纪 90 年代,E-learning 的出现,使得信息技术和各学科课程不断整合,以其灵活的学习方式、丰富的学习资源、宽松的学习环境在一定程度上改变了传统教学中教师的作用及师生之间的关系,但由于其缺乏面对面的师生交流,学生自主学习的效果难以保证,教学监控难以有效实施,没有达到预期的"彻底改革传统的教学结构和教育本质"。正如美国教育专家和教育技术专家在 2000 年起草的《美国教育技术白皮书》中所指出的:"E-learning 能很好地实现某些教育目标,但是不能代替传统的课堂教学。"针对传统教学和 E-learning 的不足,广大教育学者经过不断的反思和实践后,融合传统课堂教学和 E-Learning 优点的混合式学习理念形成,并得到高度关注。

1.混合式学习概念界定

混合式学习是指将传统学习方式(面对面的课堂授课形式)和远程教育手段(数字化或网络化学习)相融合的一种学习方式。在我国,何克抗教授首先在 2003 年引入该理念,并阐述了混合式学习即"把传统学习方式的优势和 E-Learning 的优势结合起来"。他指出,基于混合式学习理念的教学实践既强调教师的主导作用(引导、启发、监督学生的学习过程),又充分体现学生的主体作用(主动、积极、创造性的学习)。近 10 年来,国内学者对混合式学习、混合式教学模式的研究呈现出明显的增长态势,分别从混合式学习理论、资源建设、学习系统设计以及实证性的研究多维度探讨和应用混合式学习理论。混合式教学将传统教学手段和信息技术手段有效结合,教学资源得到整合,在很大程度上发挥了教师的主导作用,为教育教学改革提供了新的思路和方向。但是教学实践中,很多研究者都发现混合式教学中依然存在一些问题,教师只是通过网络平台上传 PPT 授课材料,与学生的在线的交流互动较少,师生对于网络平台的使用率较低。很多课程网站访问量多为学生上传教师规定的作业,而教师对学生作业的反馈也较少。课堂教学中教师的"满堂灌"现象仍然存在,尤其是在高职院校,学生自主学习意识不强,教师为了能更好地完成教学任务,只能采用多媒体课件授课灌输知识。

基于此,本文基于"翻转课堂"设计多元化的课前自主学习材料,利用多种模态(视频、音频、图片、实物等)提高学生学习的参与度,构建新型的混合式教学模式,以期实现真正的"教师为主导,学生为主体"的教学模式,有效提高混合式教学的教学质量。

2.基于"翻转课堂"的混合式教学模式

"翻转课堂",是一种全新的"混合式学习方式",自 2007 年两名美国化学教师提出这一全新的教学模式后,逐渐在全球范围内得到推广。这种使传统的"课堂上听教师讲解知识,课后完成作业"的教学模式发生了颠倒,变成"课前学生自学教师录制的课程讲解视频,课堂上在教师的指导下完成学习项目或任务"。随着近年来"翻转课堂"在教育领域内被广泛应用,国内外学者纷纷对这种教学模式进行探讨。最具代表性的为 2011 年美国富兰克林学院的 Robert Talbert 经过其多年对翻转课堂教学模式的实践归纳了翻转课堂结构图(如图 5-6 所示)。

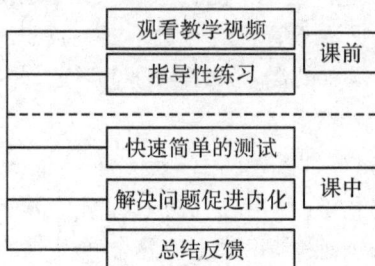

图 5-6　Robert Talbert 翻转课堂结构图

笔者在 Robert Talbert 的翻转课堂结构图基础之上,结合我院基础英语教学改革实践和高职学生英语学习的特点,构建适合我院英语教学的基于"翻转课堂"的混合式教学模式,并将其分为课前、课中、课后三大模块(如图 5-7 所示)。

这一模式充分体现了翻转课堂和混合学习的内涵,一方面学生可以在教师的指导下,根据自己的学习特点、学习水平、时间等,选择合适的学习内容,借助计算机、网络平台提前进行基础知识的学习。另一方面,教师通过传统的课堂教学对学生自学的效果进行检测,并对学生学习中遇到的难点及授课重点进行情景设计,在有限的课堂教学时间内通过生生互动、师生互动的方式解决难点重点,大大提高课堂教学的有效性。该模式基于"翻转课堂"将传统教学方式的优势和 E-learning 的优势结合起来,既发挥了教师引导、启发、监控教学过程的主导作用,又体现了学生作为学习过程主体的主动性、积极性与创造性。学生通过混合式学习可以充分利用面对面授课的好处,同时也可以借助技术在课堂上或者在家里接受个性化的指导。混合式教学让教师对教学方法重新思考,让学生的学习不仅发生在课内,也发生在课外,让教师对学生的辅导从课堂延伸到课外,真正做到"因材施教"。

教师   学生

课前

```
分解知识点
   ↓
确定教学方式 → 网络平台在线学习（翻转课堂）
              推送至网络平台 → 网络平台自主学习
              制作教学视频
              收集教学资源 → 总结难点，推送至讨论区
```

面对面教学（传统课堂教学）

课中

```
创设教学环境 → 合作探究学习难点
评价学生课前效果 ← 个人、小组成果展示
教师总结点拨
```

课后

```
教师反馈学生学习 → 学生学习总结反思
（office hour）    （portfolio）
```

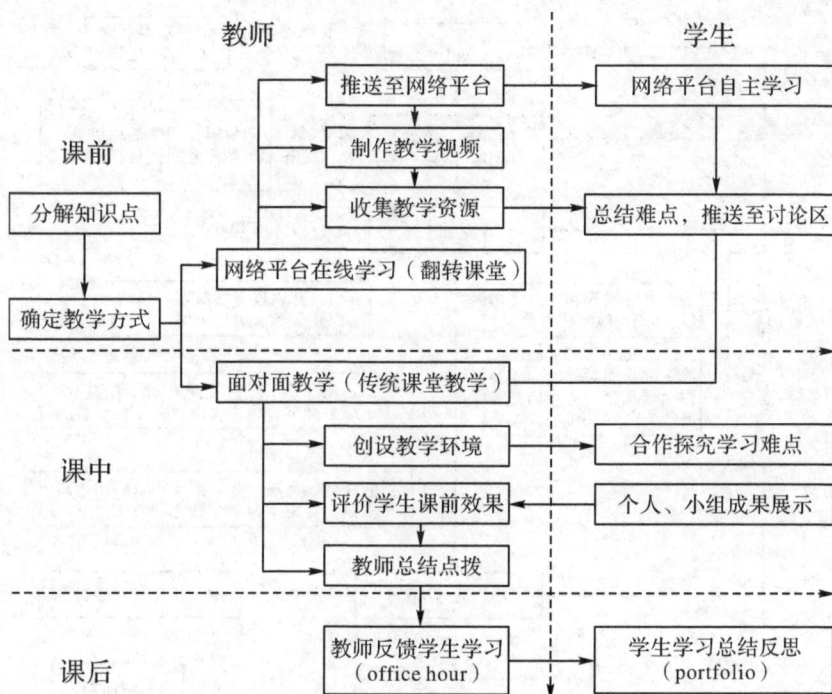

图 5-7 基于"翻转课堂"的混合式教学模式

3. 基于"翻转课堂"的混合式教学模式实施过程

"基础英语综合"是高职应用英语专业的专业基础平台课程，是融合英语听、说、读、写、译单项技能培养于一体的综合性课程。作为专业基础课程，语言知识点较多，学生不仅需要掌握语言基本知识，更要注意语言技能的培养。该门课程授课方式大多以传统讲授为主，学生书写技能尚可，但是英语听说能力较差，实践性的语言情景应用能力不强，语言输入明显大于语言输出。针对这一问题，利用翻转课堂、网络教学平台，对该课程进行教学模式的改革。

基于"翻转课堂"的混合式"基础英语综合"课程教学步骤划分为课程导入、在线自主学习、混合式学习支持、课堂讲授、课后任务布置和学习评价。每类基本学习活动又包含多个具体的学习活动（如图 5-8 所示）。基于网络的学习主要利用数字化网络平台来完成，课程的学习资料都呈现在数字化网络平台相应的板块上，教师引导学生进行各个阶段和各种内容的自主学习和课堂学习。

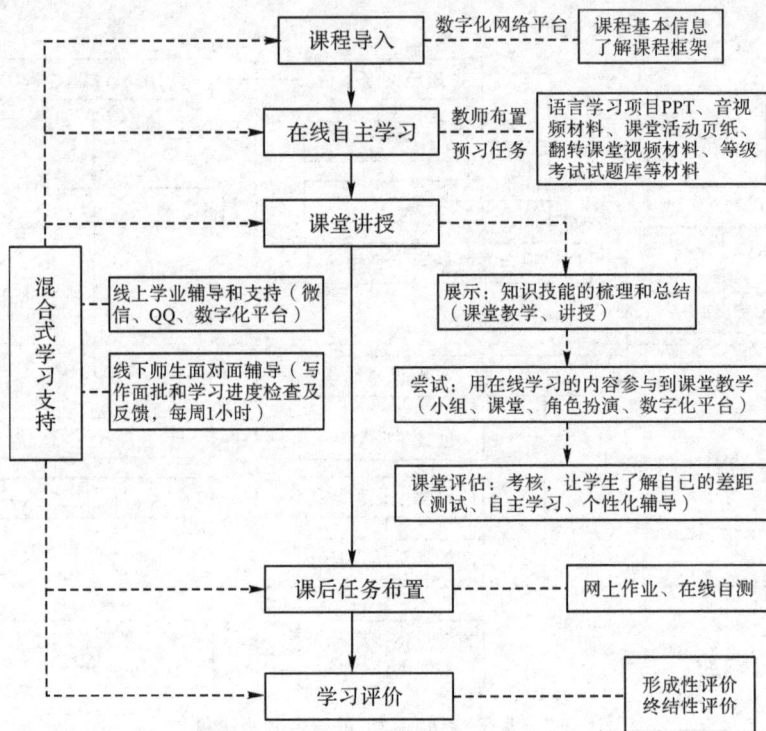

图 5-8 基于"翻转课堂"的"基础英语综合"课程混合式教学步骤

（1）课程导入。

教师通过数字化平台上传准备好的课程包。课程包主要包含课程基本信息、教师个人信息、课程简介、课程教材资料信息、课程作业组成分析、学习方法的指导、多媒体和网络技术的知识、课堂教学规范、课程评价标准、教学日历、课程预期目标等。该阶段的目的是让学生了解课程和学习项目的大体框架，以帮助学生明白并且能按照自己的学习步调顺利进入在线自主学习阶段。

（2）在线自主学习。

教师在开始课堂教学活动前的一个星期，在数字化网络平台上预先上传语言学习项目 PPT、学习内容的音视频材料、课堂活动的活页纸、翻转课堂的授课视频材料、语言等级考试试题库等相关材料，根据课时安排，教师布置学生的预习任务，学生通过数字化网络学习平台上提供的资源进行自主学习。学生通过网络平台学习教师录制的语言学习视频材料或 PPT 材料（主要为语言学习项目的知识点学习，语法项目的学习），完成教师在网络平台布置的预习检测作业，并将自学过程中的学习难点上传至网络平台的讨论区,与教师和同学进行讨论。

(3)混合式学习支持。

支持和指导贯穿于整个混合式教学过程,学习支持主要包括两部分。

线上学业辅导和支持:通过讨论组、微信群、QQ 群等方式和学生互动,进行答疑和辅导,利用网络教学资源让学生扩展知识。学生可以将疑问或观点发布在数字化平台的"讨论区"中,同时教师可以将答案分享在数字化平台中,这样可以积累更多的问题,弥补课堂教学中时间不充裕的缺陷。教师还可以将全班学生分为几个讨论组,每组在数字化平台课程上建立讨论群,同时与其他组分享,从而培养学生的团队合作能力。

线下的师生面对面辅导:混合式课程设计中每周会在多媒体教室或者语言学习中心进行 1 小时的教师面对面个体辅导,主要进行写作面批和学习进度检查及反馈,指导学生根据自己的学习程度和进度使用网络课程自学。教师给学生提供各种关于语言学习的疑难问题的网络学习技术方法和资源服务,包含如何使用数字化平台,使用方式包括课程材料的上传、图书馆资源的使用方式。

(4)课堂讲授。

新型的混合式课程的特色之处在于教师课堂教学的授课内容要根据学生的网络学习平台讨论区中提出的学习难点相结合,教师在设计教学情景时,要利用网络平台收集学生学习的难点,结合语言学习项目的重难点,对面对面的授课内容和授课方式进行调整,分解教学任务和学习任务,设计灵活多样的教学活动,常规课堂教学活动设计步骤主要包含以下内容。

展示:语言知识技能的梳理和总结,旨在帮助学生了解是否掌握必须掌握的知识点。

尝试:教师设计课堂教学活动,让学生使用在线学习的内容参与到课堂教学活动中,进行情景模拟,情景模拟多以小组协作的方式开展,旨在帮助学生在安全环境中体验新技巧,以强化对所教授内容的理解,并达到长久保持的效果。组织活动是混合式教学中很重要的一个环节,同时也能发挥数字化教学平台的作用。教师需要明确哪些活动在课上涉及,哪些活动在课后涉及,哪些活动在数字化平台上涉及。同时教师可以在课堂上对于某个部分展开讨论,在未完成或要延续讨论的情况下在数字化平台中设定"讨论区"进行进一步深入的讨论。

课堂评估:在学生自主学习和教师对知识点的提炼归纳总结基础之上,教师可以提供合理的评价手段对学生所学的知识技能进行考核。语言学习过程中,学习者对于测试容易产生焦虑和不安全感,高职学生语言基础相对薄弱,因此,提供安全舒适的环境进行语言输入活动的检测是非常重要的。通过考核,让学生了解自己的差距,及时通过课下的自主学习和教师所提供的个性化辅导来弥补。教师还可以在数字化平台上设置测试来检测学生对知识的理解程度。

(5)课后任务布置。

本课程按学习进度在作业中心布置网上作业,设置作业截止日期,作业题形式为主观题。学生在系统里提交作业,教师在系统里批改作业,作业成绩也在系统里公布。本课程按知识模块设置在线自测,自测题形式为客观题,系统从题库中随机出题,学生答题后公布答案。学生可通过自测及时了解知识掌握情况,并可通过多次自测巩固所学内容。

(6)学习评价。

混合式教学的学习的监督和评价是保证该种教学模式顺利有效开展的重要环节之一。本课程采用形成性评价与终结性评价相结合的方式,可以在数字化平台上创建学生电子档案进行过程性评价,记录学生在线学习过程,将其主要学习活动纳入形成性评价,系统评价与教师评价相结合,在课程学习的各个阶段对学生的学习效果做出评价。评价内容主要包括系统平时参与度以及课程任务作业完成情况、在线测验期末考试等,具体实施方法见表5-4。

表5-4　学习评价表

评价方式	评价内容	评价手段	评价记录
网络平台学习	形成性评价在线学习过程	网上学习或QQ群、微信群学习中的点播、上传学习情况、下载资源、在线学习时间和效果	系统自动生成学生学习数据
网上作业	形成性评价作业完成情况	在线完成主客观题目	教师、系统批改
在线自测	自我评价阶段性学习效果	在线完成自测	系统自动批改记录
期末考试	终结性评价课程学习效果	期末闭卷考试	教师批改

课程总评成绩中,形成性评价占50%(在线学习占15%,网上作业占10%,课堂教学占25%),终结性评价(期末考试)占50%。以上所有学习评价形式和手段均在系统内记录,形式多样,反馈及时。系统自动记录学习、交互的完整过程与结果,并且学生也能及时看到自己的学习反馈,有利于后期学习。

4.基于"翻转课堂"的新型混合式教学实施的反思

与传统的教学模式相比,混合式教学模式的建构对参与教学活动的主体、客体提出了更高的要求。笔者通过实施教学改革实践,发现基于"翻转课堂"的混合式教学能让教师重新思考教学,采用有效的教学手段开展教学活动。而作为学习主体的学生,在多模态的教学手段的吸引下,积极地开展课前自主学习,教学有效性在一定程度上有所提高。但是也有一些亟待我们进行反思的问题,下文主要从客观因素和主观因素两方面来分析。

(1)客观因素。

混合式教学模式支持体系。混合式教学模式的实施过程,需要构建支持混合式学习的学习体系。支持体系包含网络学习平台、教学资源体系、学习评估及学习质量管理体系。

网络学习平台是混合式教学模式的主体组成部分,学生通过网络学习平台进行异步学习和同步学习,实现自主学习和团队合作学习;教师通过网络学习平台上传各种学习任务,进行在线网络答疑和互动。课程的所有资源都需要网络在线平台进行推送和发布。

教学资源体系是学生自主学习的重要部分,包括所有学生自主学习和翻转课程的所需教学资源、在线测试题库、视频及音频材料等,供学生在线自助学习。

学习评估及学习质量管理体系是保证基于"翻转课堂"的混合式教学模式有效实施的保障体系。学生在线学习时间可以通过系统自动记录下来,在线学习的效果可以通过事先设计的自测体系进行考核,并进行自动评估和反馈。教师也可以通过系统统计数据来了解学生自主学习的情况,并对学生的学习情况进行在线反馈,同时也可以通过此系统收集学生学习过程中的难点,以便在面对面的课堂教学中进行难点解析,有效融合课堂教学和网络教学的内容,提升混合式教学有效性。

课程内容适应性问题。"翻转课堂""混合式教学"这些全新的教学改革模式都有其优劣之处,不是所有的课程内容都适合"翻转",所以基于"翻转课堂"的混合式教学模式是给教师以更多的选择,教师可以根据教学内容和授课对象学习特征,设计更为有效的教学方法,而不是一味地照抄"翻转"的模式。

(2)主观因素。

教师。基于"翻转课堂"的混合式教学模式对教师的素质和能力提出了较高的要求。正如陈坚林教授所指出的"教师的角色必须在计算机网络教学环节下进行解构和重建"(陈坚林,2010)。首先,教师的教学态度要改变。新型的混合式教学模式实施过程中,课前,要求教师对授课内容进行知识分解和重组,收集各种与授课内容相关的资源,所以课前的准备工作会较传统教学模式下的"备课"更加复杂和烦琐;课中,要求教师能够积极地组织学生进行课堂讨论,对学生的自主学习情况进行检测,关注每位学生的学习动态,对学生的自主学习情况做出反馈,查漏补缺;课后,要加强与学生的沟通交流,要求学生反馈学习效果,为学生学习提供"私人指导"。其次,教师的教学能力要加强。采用翻转课堂,教师要在课前录制各种学习视频,课后进行网络平台的资源上传、学生网上学习的指导和监督,这些教学任务都要求教师掌握一定的信息技术,有效地开展教学活动。同时,新型的混合式教学模式,要求教师能够采用灵活、多变、有趣的教学方法设计教学活动,协调课堂教学和网络在线课堂的教学内容,与学生进行多元互动,培养学生的创造性和批判性思维。最后,教师需要具备一定的社会能力。社会能力指沟通能力。以"翻转课堂"为依托的新型混合式教学模式是一种全新的教学模式,教师会受到来自同行、学生的挑战,这需要教师具备良好的沟通交际能力,将新型教学模式的优势之处解析出来,保证教学改革的顺利实施。

学生。学生是学习的主体。基于"翻转课堂"的混合式教学模式和传统教学模式截然不同,学生不再是知识的被动接受者,反之,通过"翻转课堂",大量的知识以视频、音频、文件的形式被推送至网络学习平台,要求学生在课前通过网络平台自学教师规定的学习内容并完成相关的任务。学习中遇到问题或困难,可以通过网络平台的"在线讨论区"向教师和同学寻求帮助,实现网络互动交流,提高自主学习的有效性,增强学生学习的自我效能感。因此,基于"翻转课堂"的混合式教学模式不仅需要学生掌握网络学习策略,进行网络在线学习,同时也需要学生从传统教学模式的"要我学"转变成"我要学",保持积极的学习态度,达到最佳学习效果。

基于"翻转课堂"的新型混合式教学模式融多种信息化手段和教学方法于一体,提高学生自主学习能力;通过"课外自主学习,课内师导"的教学方式,主体、主导二者相结合,教学并重,大大提高了本课程的教学有效性,使教学模式、教师角色和学生角色三个方面发生了很大的改变。首先在教学模式上,从传统的"教师课堂信息传递、课后学生知识内化"到现在的"学生课前信息加工、课堂师生互动探究应用";教师的角色也从传统教学的"课程讲授者"转变为"课程的创设者",通过采用"翻转课堂"的教学模式,不断优化自主学习环境,为学生提供课前自学音视频材料;而学生也从传统教学中的"知识被动吸收者"转变成"知识的主动建构者",通过基于任务的学习方式,借助网络、视频等多种信息化手段促进语言综合技能的提升。但如何正确应用信息化技术提高教学效果,应该引发教师的思考。就正如秦秀白教授所指出的"英语教师要警惕和防止课堂教学的娱乐化倾向",任何"滥用、乱用多媒体,追求'眼球效应'"的做法都是不值得提倡的。教师应该合理使用现代信息技术,创新教学模式,设计教学活动,避免"教师利用信息化手段作秀"的教学模式。

第三节　课程教学手段改革

教学手段是指教师和学生在教学活动过程中用于传递教学信息的工具、媒体或者设备。随着现代科学技术的飞速发展,在互联网大环境下,教育教学的手段在不断地进步。

一、应用英语专业教学手段创新改革

在"互联网+"时代到来之时,以《宁波城市职业技术学院教学形态信息化创新应用工作方案》(宁城院党〔2015〕3号)为引领,以《宁波城市职业技术学院教学形态信息化创新应用项目管理办法(试行)》(宁城院政〔2015〕11号)为保障,应用英语专业教师积极探索基于信息技术的教学手段改革创新。

(一)充分利用网络教学空间,构建"处处+时时"智慧教育环境

应用英语专业90%以上的课程均在学校"学习通"网络教学空间中开设网络课程,通过在网络空间中上传学习文件、学习视频,开展学习论坛等措施,将课程教学延伸至课前,学生根据教师提供的学习任务利用各种移动终端进行个性化自主学习。

图 5-9　学生课前自主学习场景

课前,教师登陆平台督查、记录学生自主学习情况,有效调整教学内容。

(二)充分利用智慧教室,构建"生态+互动"智慧教学课堂

应用英语专业教师在教学中运用多种教学手段进行教学,为培养学生英语听、说、读、写、译的技能和专业技能提供了保障。主要教学手段包括智慧教室、语言实验室、同声口译实验室和国际贸易模拟实验室等。

学生可以在智慧教室开展合作式和探究式学习,自主地进行知识的建构,从而获得理解和解决实际问题或任务的知识与技能。同时,学生还可以自主选择、计划、执行、总结、汇报、评价和反思教学项目,充分发挥主观能动性、创新精神和团队合作精神,培养自我管理、自主学习、与人沟通的能力,培养满足岗位工作需要和自身未来发展的综合职业素质。

图 5-10　学生在智慧教室进行技能学习和训练

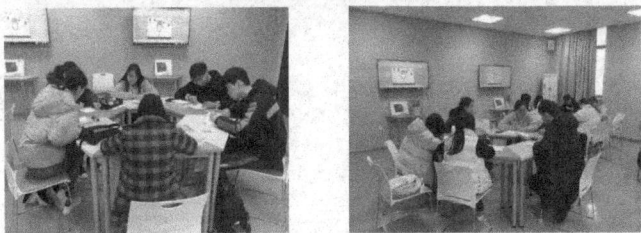

图 5-11　分组讨论

图 5-12　小组展示　　　　**图 5-13　小组点评**

现代化教学手段的运用,丰富了教学方法,有利于营造英语学习气氛。比如使用现代化的移动 APP 将课堂教学内容发布在上面,学生们通过移动学习软件,实时学习、实时检测,这不仅增加了课堂教学的信息量,也增加了课堂教学的参与性和互动性。借助信息化手段,解决了传统课堂大班化广播式教学的局限,增强了课堂活力。

利用手机移动端软件的弹幕功能,老师可以随时看到学生的观点及想法;学生通过点击手机端课堂教学软件课件推送的"不懂""收藏"等按钮,及时反馈学习困难;教师根据反馈,调整课程节奏及重点讲解。采用仿真口语听力软件进行听读训练,避免传统教学中跟随老师的被动跟读模式,让枯燥的词句操练变得有趣、高效;通过人机对话,仿真软件生动形象地给学生提供有效的个性化发音矫正。

另外,教师还能利用校园网络辅助教学,在专业基础课、模块课等主干课程中建立习题库、案例库、试题库,供学生在线学习、检测。

二、应用英语专业信息化教学手段创新改革实例

下面以基础英语视听说课程在线课程创新改革为例进行说明。

基础英语视听说课程是我校应用英语专业核心课程群[基础英语视听说、跨文化交际、商务翻译实务、跨境电商实务、二外(基础法语)]中一门重要的课程。本课程作为应用英语专业的专业群平台课程,是一门突出英语视听说能力的技能课程,旨在培养学生用英语交流沟通与传递文化的技能课程,是应用英语专业核心课程之一。该课程从 2017 年开始,进行信息化教学手段创新,采用在线课程的方法补充传统听力教学课堂的教学资源,由专业教学团队教师共同开发建设在线课程内容。

本课程以两大篇章九个单元的主题英语微视频为载体,用生动活泼的方式培养学生在实际生活场景中的英语运用能力以及跨文化素养。该课程在校内应用英语专业一二年级学生中实施,受益学生达 700 人左右。在课程立项建设后,本课程在在线课程平台上线,服务对象是已具有一定的英语听、说、读、写、译基础的高职应用英语专业学生以及计划去英美留学旅游的社会人士,也可供高校英语教师积累教学素材。

(一)基础英语视听说在线课程建设设计思路

交流沟通与传递文化是语言最基本也是最重要的功能,语用功能与文化背景的学习是语言学习很重要的一项内容。基础英语视听说课程通过视听

方式增强学生的语用能力习得,拓展学生的跨文化视野,以两大篇章九个单元的主题英语微视频为载体,用生动活泼的方式培养学生在实际生活场景中的英语运用能力以及跨文化素养。本在线课程遵循以学习者为中心的理念,高度关注学习者学习兴趣和学习效果,对传统的课程内容和结构进行整合。

1. 重新编排课程结构

本课程设置突出语用功能习得的功能篇及强调跨文化素养培养的文化篇两大篇章,下设通关抵达、学习生活、美食购物、日常生活、社交文化、流行文化、节日文化、校园文化及旅游文化九个单元。

基于语用功能习得和跨文化素养培养的主旨,本课程采用话题式展开的方式。话题的选取兼顾实用性、趣味性和典型性。其中功能篇中的四个单元按照经历生活场景的先后顺序,选取了具有典型意义的美国通关窍门、英国火车购票攻略、租房、校园生活、求职面试制胜宝典、购物、点西餐、点快餐、点咖啡、看医生、看电影、租车及订房等若干话题。文化篇中则按照文化热点选取了餐桌礼仪、英国社交礼仪贴士、美国社交礼仪贴士、英国球类运动、美国球类运动、奥斯卡与格莱美、易读错的大牌、复活节、万圣节、感恩节、圣诞节、英国大学简介、美国大学简介、英国著名景点介绍及美国著名景点介绍等话题。两大篇章共 32 个话题,每个话题 1 个学时,共计32 学时。话题间的知识递进符合认知过程,让学生能够感觉到能力的逐步提升,始终保持好的学习动力。

2. 碎片化知识点,但避免碎片化学习

为适应 MOOCS 课程多数以短小的视频方式呈现的特点,我们必须将相关知识点碎片化。知识点够细才能确保每个知识点的讲授时间尽量控制在 15 分钟以内。所以,在课程编排时首先确定了九个单元,然后按照实用性、趣味性和典型性的考量,选取了 32 个话题即 32 个碎片化的知识点,一个视频只讲解一个特定的知识点。

32 个话题按照功能和文化两条主线,形成系列课程。各个话题相对独立,又各有关联。这样有助于学生了解知识结构又方便知识管理。以 32个话题抛砖引玉,激发学生对英美学习生活及文化的兴趣,从而通过后续的查找资料乃至亲身经历了解更多的英美风土人情,增长见识,拓展思维,使学习成果真正纳入学生的知识体系成为其思想的一部分。

3. 确定教学内容的呈现方式

考虑到本课程属于偏知识点讲授的基础课程,教学内容呈现采用有声PPT 结合教师全程或首尾出镜的方式呈现。教学内容按照三段式组织:第一,话题引入,提出开放性问题,引发学生探究的兴趣;第二,知识讲授,通过教师讲解,学生操练配合有声 PPT 等方式呈现;第三,话题总结并提出课后思考问题。

4.设计线上作业及测试题库

为检验知识点学习的效果,课程团队设计了 450 道作业题和测试题库及答案,类型包括选择题、正误判断、连线题及简答题等。题目的设计拉开一定的层次,并涉及一些应用类的题目,能有效帮助受众巩固所学内容,检测掌握程度。

(二)基础英语视听说课程教学目标

1.课程知识目标

了解美国通关步骤及注意事项;掌握通关会话句型;了解英国火车票省钱攻略及购票途径;掌握购票会话句型;了解海外留学或旅行租房攻略;掌握租房英语会话句型;掌握大学学习相关词汇并了解平均绩点概念;了解美国高校新生入学相关情况及美国校园社交生活形式;掌握见导师商谈选课事宜会话句型;了解六个求职面试窍门;掌握英文自我介绍及回答求职面试常见问题的表达方式;了解美国购物的基本情况;掌握购物会话中的主要英语句型及表达;了解西餐的构成以及点餐顺序;掌握点西餐所使用的英文表达方式;了解国外常见的外餐点餐方法和用语;掌握定制 subway 三明治的英文表达法;了解六种常见咖啡的成分、口味以及杯型的英文表达法;掌握点咖啡所使用的英文表达方式;简单了解国外的医疗保险政策;掌握看医生的流程;掌握基本的看病词汇与会话句型;了解英美著名影院以及电影分级制度;掌握看电影场景下的各种英文表达方式;了解五种美国主要的银行账户类型;掌握和银行职员沟通开账户所使用的英文表达方式;了解美国租车的流程以及所需准备的材料;掌握租车所使用的英文表达方式;了解预订房间的流程以及房间类型的英文表达法;掌握订房所使用的英文表达;了解西餐餐桌礼仪包含的几个方面;掌握英美在西餐礼仪中各自的具体要求;了解八种最基本的英国社交礼仪;了解十种最基本的美国社交礼仪;了解英美球类运动的发展情况;了解奥斯卡、格莱美基本情况;了解易读错的商品品牌的正确读音;了解复活节、万圣节、感恩节及圣诞节的由来、庆祝日期、活动形式及宗教意义;了解英美高等教育情况及著名高校;了解英美著名的景点。

2.课程能力目标

能够用英文流利地回答移民官及海关官员的问题;能够用英文沟通

买好火车票;能够用英文成功租赁心仪的房子;能够用英语表达与大学学习相关的词汇并能够理解计算平均绩点;能够用英语完成注册,办理学生卡,并能够用英语与导师沟通选课事宜;能够用英文自我介绍并回答求职面试常见问题;能够用英语顺利完成购物活动;能够用英语成功点西餐;能够用英语点或定制自己心仪的快餐;能够用英语点到自己心仪的咖啡;能够选择并成功购买一份医疗保险;能够用英语简单描述病情,完成与医生的会话;能够用英语简单介绍英美影院以及电影的分级制度;能够用英语在英美购票看电影;能够用英文沟通,顺利开好银行账户;能够用英语简单介绍租车流程以及所需准备的材料;能够用英语在美国成功租车;能够用英语成功预订酒店房间;能够运用西餐餐桌礼仪得体地进行社交活动;能够用英语较为详细地介绍英美著名的球类运动;能够用英语简单介绍奥斯卡、格莱美基本情况;能够用英语正确读出商品品牌;能够用英语简单介绍几所英美著名的高等学府;能够用英语简单介绍著名的英美景点。

3.课程素质目标

拓展学生的跨文化视野;培养学生具备遵纪守法的意识;培养学生具备竞争意识;培养学生具备在正式场合有恰当的着装及言行的意识;培养学生具备生活自理、积极沟通的意识;培养学生具备从生活细节中获得知识的学习意识;培养学生具备初步的金融理财意识;培养学生具备得体的社交礼仪;培养学生具备热爱运动的精神;培养学生具备积极进取的人生态度。

(三)教学改革内容

表5-5　基础英语视听说在线课程

标题内容及课时	重难点及解决方法	教学内容组织
功能篇 单元一:通关抵达 话题一:美国通关窍门 (1)美国通关步骤 (2)顺利通关的注意事项 (3)回答移民官及海关查验问题的常用英文表达方式 1课时	重点:美国通关步骤及注意事项。 教学难点:和移民官及海关官员的无障碍英文沟通。 解决方法:通过视频讲解,配以PPT突出关键词、图片,以及实境对话使学生留下深刻的印象,再增加文献及视频资料加深印象。	(1)教师开篇假设场景,引出话题:如何顺利通关。 (2)通过图片、PPT关键词及出镜等方式逐一介绍通关步骤。 (3)通过图片、PPT关键词及出镜等方式强调顺利通关的注意事项。 (4)通过实境对话,展示并讲解英文如何回答移民官及海关官员的常见问题。 (5)设计两项任务检测学生对该微课内容的掌握程度;

标题内容及课时	重难点及解决方法	教学内容组织
		任务一:用英文列出美国通关步骤。 任务二:角色扮演。要求学生根据展示的对话分别完成和移民官及海关官员的对话。
功能篇 单元一:通关抵达 话题二:英国火车购票攻略 (1)七种英国火车票省钱攻略 (2)两种常用的火车票购买途径 (3)如何用英文沟通买火车票的相关事项 1课时	重点:了解七种英国火车票省钱攻略,并能用英语做简单的介绍。 教学难点:能较为流利地用英文沟通买火车票的相关事项。 解决方法:通过视频讲解,配以PPT突出关键词,以及实境对话使学生留下深刻的印象,再增加文献及视频资料加深印象。	(1)教师从搭乘火车在英国旅游引出话题,介绍如何在英国买到省钱的火车票。 (2)通过图片、PPT关键词及出镜等方式逐一讲解各种的省钱攻略,如购买火车票优惠卡、订票时机、提前购票、分段购票、避免购票机购票、购买季票、注册会员。 (3)讲解柜台及网络两种常用购票途径并通过实境对话,展示并讲解用英文沟通买票事项的表达方式; (4)设计两项任务检测学生对该微课内容的掌握程度: 任务一:用英文列出几种省钱攻略。 任务二:角色扮演。要求学生根据展示的对话完成买火车票的对话。
功能篇 单元一:通关抵达 话题三:租房 (1)介绍租房的流程以及房屋租赁的英语句型 (2)介绍租房广告的缩略词以及租房对话 1学时	重点:掌握租房的流程以及如何进行房屋租赁的英语句型。 教学难点:用英语介绍常见的房型;能看懂租房广告的缩略词,能在实际情境中用英语流利地进行租房对话。 解决方法:课程讲解中,使用大量图片呈现常见房型及英语表达方式;通过归纳常见房屋租赁广告缩写词来解析广告内容,再通过模拟的租赁场景操练句型的使用,激发学习者学习兴趣,实现"做中学"的教学理念。	(1)介绍租房的渠道。 (2)引出一则真实的租赁广告,解析租赁广告包含的主要内容。 (3)房型介绍。 (4)介绍房屋租赁广告的缩写词含义。 (5)归纳租赁房屋时,和房东或代理交流时常用的语言。 (6)介绍租赁房屋时需要注意的事宜。

续　表

标题内容及课时	重难点及解决方法	教学内容组织
功能篇 单元二:学习生活 话题一:校园生活1 (1)大学学习相关词汇 (2)平均绩点 1学时	重点:掌握与大学学习相关词汇;能够理解并计算平均绩点。 教学难点:能够理解并计算平均绩点。 解决方法:先给予平均绩点公式并举例展示计算的过程,最后辅以练习巩固知识点。	(1)介绍大学学习相关词汇——各种学位的英语表达、专业、辅修专业、学年、学期、学分、课程、评价等。 (2)介绍平均绩点概念。 (3)举例展示一位学生一学期平均绩点计算的过程。 (4)设计两项任务检测学生对该微课内容的掌握程度: 任务一:要求学生总结并熟记本次课出现的重点词汇与表达。 任务二:根据所给情景计算出平均绩点。
功能篇 单元二:学习生活 话题二:校园生活2 (1)美国高校新生周活动——美国高校的入学教育周 (2)高校注册英语会话 (3)高校办学生卡会话 (4)美国高校住宿情况与"Move-in Day" (5)见导师并商谈选课事宜会话 (6)美国校园社交生活形式 1学时	重点:用英语简单介绍美国高校校园生活基本情况;用英语完成注册的会话;用英语完成办理学生卡的会话;用英语与导师沟通选课事宜。 教学难点:如何用英语在大学与管理人员及导师同学会话沟通。 解决方法:通过模拟会话使学生对校园生活方方面面有一个大概的了解,引起他们探究的兴趣,同时突出会话重点,使他们逐个掌握。	(1)介绍美国高校新生周活动——美国高校的入学教育周。 (2)展示并学习高校注册英语会话。 (3)展示并学习高校办学生卡会话。 (4)介绍美国高校住宿情况与"Move-in Day"。 (5)介绍见导师并商谈选课事宜。 (6)介绍美国校园社交生活形式。 (7)设计两项任务检测学生对该微课内容的掌握程度: 任务一:要求学生背诵课内展示的两个对话。 任务二:要求学生了解某个具体专业并做好用英语介绍的准备。
功能篇 单元二:学习生活 话题三:求职面试制胜宝典 (1)六个求职面试制胜窍门 (2)英文自我介绍及回答求职面试常见问题的表达方式 1学时	重点:了解六个求职面试制胜窍门,并能用英语做简单的介绍。 教学难点:能流利地用英文自我介绍并回答求职面试常见问题。 解决方法:课程导入中,通过一段求职场景导入教学任务,激发学习者学习兴趣;课程讲解中,使用图片和关键词呈现六个求职面试制胜窍门,并由教师进行分析和点评,让学生更为直观地掌握英文面试技能。	(1)从展示一段失误百出的英文面试出发,教师引出话题介绍面试技巧。 (2)通过图片、PPT关键词及出镜等方式逐一讲解着装、守时、所带材料、如何互动、如何回答面试问题及如何结束面试等六个求职面试制胜窍门;讲解的同时对Sara在面试中的失误逐一进行点评。 (3)最后进行总结。 (4)设计两项任务检测学生对该微课内容的掌握程度: 任务一:多选题,要求学生从选项中选出多个面试时恰当的礼仪。 任务二:简单回答如何回答面试官的问题。

标题内容及课时	重难点及解决方法	教学内容组织
功能篇 单元三:美食购物 话题一:购物 (1)国外(以美国为例)购物情况 (2)美国购物主要场所地点形式 (3)购物会话中的主要英语句型及表达 1学时	重点:掌握国外(以美国为例)购物情况;了解美国购物主要场所地点形式;用英语顺利完成一次购物活动。 教学难点:掌握购物会话中的主要英语句型及表达,并用英语顺利完成一次购物活动。 解决方法:先给完整对话打底,通过分步讲解购物会话中的常见句型使学生掌握并灵活运用这些表达。	以常见购物场所来导入本次课主题——购物: (1)介绍几个常见的购物场所及其特点。 (2)介绍自主结账通道,并分步骤介绍如何使用自主结账通道。 (3)展示情景会话——商场购物。 (4)讲解并巩固重点句型与表达。 (5)设计两项任务检测学生对该微课内容的掌握程度。 任务一:要求学生总结并熟记本次课出现的重点词汇与表达,完成一个词汇连线作业。 任务二:角色扮演。要求学生两两合作完成一则购物对话。
功能篇 单元三:美食购物 话题二:点西餐 (1)西餐的构成以及点餐顺序介绍 (2)点餐时常用的表达方式 1学时	重点:掌握西餐的上菜顺序以及如何点餐的英语常用句型。 教学难点:用英语表达西餐菜肴;能在实际情境中用英语流利地进行对话。 解决方法:课程讲解中,使用大量图片呈现常见西餐菜名的表达方式;对点餐时常用句型进行归纳学习;再通过真实的点餐场景操练句型的使用,激发学习者学习兴趣,实现"做中学"的教学理念。	(1)通过图片、动画展示西餐的构成以及上菜顺序。 (2)通过设定点餐时常见的小场景归纳常用句型。 (3)选取真实点餐场景,设定服务员和顾客两个角色,在学习了常用词汇以及句型后,示范如何成功用英语进行点餐的对话。
功能篇 单元三:美食购物 话题三:点快餐 (1)常见快餐的点餐方式 (2)定制三明治的点餐方式及英语表达法 1学时	重点:掌握快餐的点餐顺序及如何定制快餐(三明治)的英语常用句型。 教学难点:用英语表达快餐(三明治)的点餐程序和常用词汇;能在实际情境中用英语流利地进行三明治定制。 解决方法:课程讲解中,使用大量图片呈现常见快餐的表达方式;对点快餐时常用句型进行归纳学习;通过实例介绍在subway定制快餐点餐程序,示范点餐常用语言,从而激发学习者学习兴趣。	(1)使用图片、动画展示西方常见的快餐的构成以及点餐常用表达。 (2)通过设定在西方非常流行的快餐店subway定制符合自己口味的三明治来介绍定制快餐的方法。 (3)依据定制三明治的程序,分明介绍面包种类、奶酪种类、蔬菜种类、酱汁等的英文表达法。 (4)设定服务员和顾客两个角色,在学习了常用词汇以及句型后,示范如何成功用英语进行定制快餐三明治的对话。

续　表

标题内容及课时	重难点及解决方法	教学内容组织
功能篇 单元三:美食购物 话题四:点咖啡 (1)六种常见咖啡类型、口味及杯型的英文表达方式 (2)点咖啡的英语表达 1学时	重点:掌握几种常见咖啡、口味及杯型的英文表达方式以及如何点咖啡的英语句型。 教学难点:用英语简单介绍不同咖啡的区别;能较为流利地用英语点咖啡。 解决方法:课程导入中,通过一段真实的点咖啡场景导入教学任务,激发学习者学习兴趣;课程讲解中,使用大量图片和动画效果呈现常见咖啡的类型及区别;课程结尾时,再次采用真人秀的方式示范点咖啡的正确流程和句型,让学生更为直观地掌握用英语点咖啡的技能。	(1)以学生 Sara 点咖啡遇到的尴尬场景出发,教师解析用英语点咖啡所涉及的教学内容。 (2)通过图片、动画展示常见的六种咖啡,逐一讲解其组成成分及特点。 (3)介绍咖啡口味的表达方式,如加奶类型及咖啡口味表达法。 (4)实物讲解咖啡的常用杯型表达法。 (5)按照点咖啡的流程,通过咖啡师和顾客两个角色呈现点咖啡时用到的相关句型。 (6)呈现 Sara 在习得咖啡基础知识和点咖啡交际用语后,示范如何成功点自己心仪的咖啡。 (7)设计两项任务检测学生对该微课内容的掌握程度: 任务一:连线。要求学生能将六种咖啡与其成分正确搭配。 任务二:角色扮演。要求学生根据给出的情景完成一则点咖啡的对话。
功能篇 单元四:日常生活 话题一:看医生 (1)国外看医生的基本情况 (2)国外的医疗保险政策 (3)看医生的基本流程 (4)基本的看病词汇与会话句型 1学时	重点:了解国外看医生的基本情况;简单了解国外的医疗保险政策;掌握看医生的流程;掌握基本的看病词汇与会话句型。 教学难点:如何用英语选择并成功购买一份医疗保险;能够用英语简单描述病情,完成一次与医生的会话。 解决方法:通过图表比较几种医疗保险,使学生有具体直观的感受;会话部分先辅以词汇,再通过句型,由浅入深展开看病的整个过程。	(1)导入国外看病不可避免与昂贵的费用,进而使学生了解购买医疗保险的必要性。 (2)简单举例介绍三种各有侧重的医疗保险。 (3)介绍看病的主要场所。 (4)介绍看病主要流程与注意事项。 (5)讲解基本的看病词汇与会话句型。 (6)设计两项任务检测学生对该微课内容的掌握程度: 任务一:要求学生总结并熟记本次课出现的重点词汇与表达。 任务二:角色扮演。要求学生两两合作完成一则看医生对话。

续　表

标题内容及课时	重难点及解决方法	教学内容组织
功能篇 单元四:日常生活 话题二:看电影 (1)英美著名影院以及电影分级制度简介 (2)去影院时常用的表达方式 1学时	重点:掌握去影院看电影时购票、入场、买小吃等环节的英语句型。 教学难点:在实际场景中用英语流利地进行交际并表达自己的需求。 解决方法:课程讲解中,设定尽可能多的对话小场景,对每种场景下常见词汇及句型进行归纳;再通过真实的场景操练句型的使用,激发学习者学习兴趣,实现"做中学"的教学理念。	(1)通过图片、动画分别展示英美著名的影院。 (2)介绍英美电影的分级制度。 (3)选取真实的影院看电影场景,设定售票员和顾客两个角色,在学习了常用词汇以及句型后,示范如何成功用英语进行购票以及入场观影对话。 (4)在课程最后布置一个对话练习,要求学生根据设定的情景运用所学句型进行对话练习。
功能篇 单元四:日常生活 话题三:美国银行开户指南 (1)美国五种最主要的银行账户及各自的特点 (2)如何用英文沟通开账户的相关事项 1学时	重点:了解五种最主要的银行账户及各自的特点,以及如何用英文沟通开账户相关事项。 教学难点:能较为流利地用英文沟通开账户相关事项。 解决方法:通过视频讲解,配以PPT突出关键词,以及实境对话使学生留下深刻的印象,再增加文献及视频资料加深印象。	(1)假设留学美国场景,教师引出话题介绍如何开美国银行户头。 (2)通过图片、PPT关键词及出镜等方式逐一讲解支票账户、储蓄账户、存单、货币市场账户及个人退休账户等五种主要的美国银行账户。 (3)通过实境对话,展示并讲解用英文沟通开账户相关事项所使用的表达方式。 (4)设计两项任务检测学生对该微课内容的掌握程度: 任务一:用英文列出五种主要银行账户及各自的特点。 任务二:角色扮演。要求学生根据展示的对话完成开银行账户的对话。
功能篇 单元四:日常生活 话题四:租车 (1)租车的流程,所需准备的材料,以及四大租车公司简介 (2)租车时常用的表达方式 1学时	重点:掌握租车的流程以及如何租车的英语句型。 教学难点:用英语介绍车型、车况以及保险种类;能在实际情境中用英语流利地进行对话。 解决方法:课程讲解中,使用大量图片呈现常见车型的表达方式;对租车时常见词汇及句型进行归纳学习;再通过真实的租车场景操练句型的使用,激发学习者学习兴趣,实现"做中学"的教学理念。	(1)通过图片、动画展示四家著名的租车公司。 (2)介绍租车的流程。 (3)通过图片、动画介绍车型、保险、租车所需材料等。 (4)选取真实租车场景,设定租车代理员和顾客两个角色,在学习了租车流程和常用词汇以及句型后,示范如何成功用英语进行租车对话。

续　表

标题内容及课时	重难点及解决方法	教学内容组织
功能篇 单元四:日常生活 话题五:订房 (1)预订房间的流程以及如何预订房间的英语句型 (2)用英语介绍房型、床型及成功预订房间 1学时	重点:掌握预定房间的流程以及如何预订房间的英语句型。 教学难点:用英语介绍房型、床型;能在实际情境中用英语流利地进行订房对话。 解决方法:课程讲解中,使用大量图片和关键词提示呈现常见住宿方式的区别和表达方式;对订房时的常见词汇及句型进行归纳学习;再通过真实的订房场景操练句型的使用,激发学习者学习兴趣,实现"做中学"的教学理念。	(1)介绍五种常见的住宿方式及区别。 (2)介绍常见的三种房型及其设施。 (3)介绍预订房间的流程。 (4)模拟预订房间场景,设定酒店服务员和客人两个角色,在学习了订房流程和常用语言后,示范如何成功用英语进行预订房间和入住的对话。
文化篇 单元五:社交文化 话题一:餐桌礼仪 (1)英美西餐餐桌礼仪的具体要求 (2)餐具的使用方法 (3)餐桌上礼貌行为和不礼貌行为的具体表现 1学时	重点:掌握英美西餐餐桌礼仪的异同。 教学难点:西餐餐桌礼仪中餐具的使用。 解决方法:课程讲解中,使用大量图片通过正误对比呈现常见西餐餐具的使用方法以及餐桌上礼貌行为和不礼貌行为的具体表现。	(1)通过图片、动画展示西餐餐桌礼仪中餐具的正确使用方法。 (2)通过图片正误对比展示餐桌礼貌行为的具体表现。 (3)课程结束时通过任务——判断正误来巩固所学内容。
文化篇 单元五:社交文化 话题二:英国社交礼仪贴士 八种最基本的英国社交礼仪 1学时	重点:了解八种最基本的英国社交礼仪,并能用英语做简单的介绍。 教学难点:能较为自然地在相关的场合做出符合英国社交礼仪的行为。 解决方法:通过视频讲解,配以 PPT 突出关键词使学生留下深刻的印象,再增加文献及视频资料加深印象。	(1)从俗语"When in Rome, do as the Romans do."出发,教师引出话题介绍英国社交礼仪。 (2)通过图片、PPT 关键词及出镜等方式逐一讲解拜访、问候、送礼、排队、守时、给小费、公众场合行为及礼貌用语等八种基本的英国社交礼仪。 (3)最后点明在陌生的环境里,最安全的方法莫过于先观察再模仿。

标题内容及课时	重难点及解决方法	教学内容组织
文化篇 单元五：社交文化 话题三：美国社交礼仪贴士 十种最基本的美国社交礼仪 1学时	重点：了解十种最基本的美国社交礼仪，并能用英语做简单的介绍。 教学难点：能理解并较为自然地在相关的场合做出符合美国社交礼仪的行为。 解决方法：通过视频讲解，配以PPT突出关键词使学生留下深刻的印象，再增加文献及视频资料加深印象。	(1)通过图片、PPT关键词及出镜等方式逐一讲解问候、称呼、守时、给小费、公众场合行为、手势、送礼、社交形式、禁忌与法规、种族等十种基本的美国社交礼仪。 (2)最后再次强调具备良好得体的社交礼仪的重要性。
文化篇 单元六：流行文化 话题一：英国球类运动 (1)英国体育项目发展状况 (2)四种球类运动的发展历史，与之相关的赛事以及各种运动的基本情况 1学时	重点：掌握英国四种著名球类运动的基本情况。 教学难点：掌握体育运动中的相关术语。 解决方法：课程讲解中，使用大量图片呈现四种运动的基本情况以及术语的表达方式。	(1)通过图片、动画展示四种球类运动的发展。 (2)通过图片展示相关赛事的情况； (3)课程结束时通过任务——匹配题来巩固所学内容。
文化篇 单元六：流行文化 话题　美国球类文化 (1)美国球类四大组织 (2)美国四种流行球类运动的发展历史，与之相关的赛事以及各种运动的基本情况 1学时	重点：掌握美国四种著名球类运动的基本情况。 教学难点：掌握美国四类流行体育运动中的相关术语。 解决方法：通过使用大量图片呈现四种运动的基本情况以及术语的表达方式。	(1)首先由美国四大球类运动的缩写入手，引导学习者对美国球类组织进行辨识。 (2)通过图片、动画分别展示四种球类运动的赛事内容(球员人数、比赛时长、赛事组织机构等)。

标题内容及课时	重难点及解决方法	教学内容组织
文化篇 单元六:流行文化 话题三:奥斯卡与格莱美 (1)奥斯卡基本情况、奥斯卡奖杯——小金人情况、奥斯卡奖项设置、奥斯卡颁奖晚会举办时间地点等 (2)格莱美基本情况、格莱美奖杯——留声机情况、格莱美奖项设置、格莱美颁奖晚会举办时间地点等 1学时	重点:掌握奥斯卡与格莱美基本情况;如何用英语描述奥斯卡奖杯——小金人情况、奥斯卡奖项设置、奥斯卡颁奖晚会举办时间地点等;如何用英语描述格莱美奖杯——留声机情况、格莱美奖项设置、格莱美颁奖晚会举办时间地点等。 教学难点:如何用英语描述奥斯卡与格莱美奖杯、奖项设置、颁奖晚会举办时间地点等。 解决方法:通过关键词与图片相配合,把知识点系统地给出,从而激发学生进一步了解的欲望与兴趣。	通过美国流行文化的四大奖项来导入并展开奥斯卡与格莱美主题文化学习: (1)简单介绍奥斯卡,引起学生兴趣。 (2)介绍奥斯卡奖杯——小金人。 (3)介绍奥斯卡奖项并辅以优秀获奖影片与导演,男女主角的图片,引起学生共鸣。 (4)介绍奥斯卡颁奖典礼举行时间地点。 (5)简单介绍格莱美,引起学生兴趣。 (6)介绍格莱美奖杯——留声机。 (7)介绍格莱美奖项并辅以本年度格莱美获奖歌曲与歌手,引起学生共鸣。 (8)介绍格莱美颁奖典礼举行时间地点。
文化篇 单元六:流行文化 话题四:易读错的"大牌" (1)介绍易读错的"大牌" (2)正确读出品牌的英文读法,掌握相关发音规则 1学时	重点:掌握常见品牌的英语读法。 教学难点:能用英文正确读出常见易读错的品牌名称,掌握相关的发音规则。 解决方法:课程讲解中,使用大量图片、音标标注、正误发音对比的方式,并附以关键词帮助理解。	(1)介绍读错品牌名称的尴尬场面,引出正确读出品牌名称的重要性。 (2)介绍常见的易读错的汽车品牌读音。 (3)介绍常见的易读错的运动品牌读音。 (4)介绍常见的易读错的法国品牌读音。 (5)介绍常见的易读错的意大利品牌读音。 (6)介绍常见的易读错的其他国家耳熟能详的商品品牌读音。
文化篇 单元七:节日文化 话题一:复活节 (1)复活节的由来及其宗教意义;复活节彩蛋与兔子介绍 (2)复活节常见的庆祝活动与习俗 1学时	重点:掌握复活节的由来及其宗教意义;复活节彩蛋与兔子的含义;如何用英语描述复活节常见的庆祝活动与习俗。 教学难点:用英语简单介绍复活节的由来、复活节彩蛋与兔子的含义;能用英语描述复活节常见的庆祝活动与习俗。 解决方法:课程导入中,通过与圣诞节的对比导入教学任务,激发学习者学习兴趣;课程讲解中,使用大量图片呈现复活节彩蛋与兔子以及复活节庆祝活动,并附以关键词帮助理解。	以比对圣诞节来突出复活节的重要性及其宗教意义来导入并展开复活节主题文化学习: (1)通过对比圣诞节的由来,讲解复活节的由来,从而凸显它的宗教意义。 (2)介绍复活节庆祝日期。 (3)介绍复活节两个代表性事物——彩蛋与兔子。 (4)介绍复活节常见的庆祝活动与习俗——画彩蛋、滚彩蛋、找彩蛋等。

标题内容及课时	重难点及解决方法	教学内容组织
文化篇 单元七:节日文化 话题二:万圣节 (1)万圣节的由来以及常见节日象征元素 (2)万圣节习俗及庆祝活动介绍 1学时	重点:掌握万圣节的由来、习俗以及庆祝活动。 教学难点:用英语表达特定的象征元素以及人名、地名。 解决方法:课程讲解中,使用大量图片和动画来呈现万圣节的由来以及象征物和活动;对于以上内容采用配图故事的形式讲述,以便激发学生的学习兴趣。	(1)通过图片、动画展示万圣节的由来。 (2)介绍万圣节的各种象征物。 (3)介绍万圣节常见的庆祝活动。 (4)课程结束时通过任务巩固所学内容。任务包含匹配和情景对话。
文化篇 单元七:节日文化 话题三:感恩节 (1)感恩节的由来以及节日习俗介绍 (2)感恩节食物和庆祝活动介绍;表法感谢的语句 1学时	重点内容: 掌握美国传统节日感恩节的庆祝时间和由来,尤其是能理解感恩节不是所有西方国家都庆祝的节日,其主要为美国和加拿大的传统节日,但两国的庆祝时间迥异。 教学难点: 掌握节日由来、食物、庆典活动及祝福语的英文表达方式;能较为流利地用英语介绍美国的感恩节。 解决方法:通过主持人和嘉宾相互问答、现场游戏、现场表达感恩等活动把有关感恩节话题的文化知识和相关语言点呈现给学生,使学生能像看电视谈话节目一样轻松地参与到学习活动中。	(1)通过美国歌手 Brianna Haynes 的一首名为《Thank you》的感恩节歌曲为切入点,展开主题访谈节目。 (2)借助 PPT、游戏视频等形式对美国感恩节的起源进行阐述。 (3)借助谈话聊天的方式对感恩节食物和庆祝活动进行介绍。 (4)主持人和嘉宾互动形式总结与感恩节祝福话语表达。

续　表

标题内容及课时	重难点及解决方法	教学内容组织
文化篇 单元七:节日文化 话题四:圣诞节 (1)圣诞节的由来、圣诞树的由来以及圣诞老人的由来 (2)圣诞节习俗介绍 1学时	重点:掌握圣诞节的由来、习俗以及庆祝活动。 教学难点:用英语表达特定的人名、地名等。 解决方法:课程讲解中,使用大量图片和动画来呈现圣诞节、圣诞树、圣诞老人的由来以及习俗和活动;对于以上内容采用配图故事的形式讲述,以便激发学生的学习兴趣。	(1)通过图片、动画展示圣诞节的由来。 (2)介绍圣诞节的各种习俗。 (3)课程结束时通过任务巩固所学内容。任务包含匹配和情景对话。
文化篇 单元八:校园文化 话题一:英国大学 英国金砖五校的组成及各自的概况、历史沿革、学院机构及校园风光 1学时	重点:英国金砖五校的概况。 教学难点:金砖五校的历史沿革及学院机构。 解决方法:通过视频讲解,配以PPT突出关键词,以及大量图片使学生留下深刻的印象,再增加文献及视频资料加深印象。	(1)教师开篇直接抛出话题:英国金砖五校,并简单介绍金砖五校的由来。 (2)通过图片、PPT关键词及出镜等方式逐一介绍牛津大学、剑桥大学、帝国理工学院、伦敦大学学院和伦敦政治经济学院的概况、历史、学院及校园。
文化篇 单元八:校园文化 话题二:美国大学 (1)美国东部常春藤 & 西部加州公立学校系统 (2)美国东北部八所常春藤联盟高校基本情况——重点了解其中四所 (3)美国西部加州大学情况——重点了解加州大学伯克利分校 (4)美国西部名校——斯坦福大学 1学时	重点:了解美国高等教育基本情况——东部常春藤 & 西部加州公立学校系统;了解美国东北部八所常春藤联盟高校基本情况——重点了解其中四所;了解美国西部加州大学情况——重点了解加州大学伯克利分校。 教学难点:能够用英语简单介绍几所美国著名的高等学府——哈佛大学、普林斯顿大学、耶鲁大学、哥伦比亚大学、加州大学伯克利分校、斯坦福大学。 解决方法:分别配以图片介绍各个著名高校的情况,突出每个高等学府的特色。	(1)引入美国东部常春藤 & 西部加州公立学校系统概念。 (2)介绍美国东北部八所常春藤联盟高校基本情况,重点了解其中四所——哈佛大学、普林斯顿大学、耶鲁大学、哥伦比亚大学。 (3)介绍美国西部加州大学情况,重点了解加州大学伯克利分校。 (4)介绍美国西部名校——斯坦福大学。

标题内容及课时	重难点及解决方法	教学内容组织
文化篇 单元九:旅游文化 话题一:英国著名景点 介绍伦敦、巴斯、乱石阵、湖区及爱丁堡等英国最著名的旅游胜地及相关景点 1学时	重点:四个英国最著名的旅游胜地及相关景点。 教学难点:能用英语简单介绍这些景点。 解决方法:通过大量的图片、PPT关键词及视频讲解使学生留下深刻的印象,再增加文献及视频资料加深印象。	(1)从展现英国地图出发,教师引出话题介绍英国最著名的旅游胜地。 (2)通过大量的图片、PPT关键词及出镜等方式逐一介绍伦敦、巴斯、乱石阵、湖区及爱丁堡等英国最著名的旅游胜地及相关景点。
文化篇 单元九:旅游文化 话题二:美国著名景点 介绍美国东部、西部、中西部、南部地区最具代表性和著名的旅游胜地及相关景点 1学时	重点:美国四大区域的最著名的旅游胜地及相关景点。 教学难点:能用英语简单介绍这些景点。 解决方法:通过大量的图片、PPT关键词及视频讲解使学生留下深刻的印象,再增加文献及视频资料加深印象。	(1)从展现美国地图出发,教师引出话题介绍美国最著名的旅游胜地。 (2)通过大量的图片、PPT关键词及出镜等方式逐一介绍美国东部、西部、中西部、南部地区最具代表性和著名的旅游胜地及相关景点。

(四)确定课程考核方式

该课程考核要求学生按时完成课堂测试和作业,积极参与课堂讨论。考核将通过在线平台创建学生电子档案进行过程性评价,全程记录学生在线学习过程,将其主要学习活动纳入形成性评价,系统评价与教师评价相结合。考核内容主要包括课程任务作业、系统平时参与度以及在线测验等。具体实施方法如下:

课程总评成绩中,在线学习占 40%,网上作业占 30%,在线自测占 30%。总评成绩达到 90 分及以上者,可以获得本课程的优秀证书;总评成绩达到 60 分但未达到 90 分者,可以获得本课程的合格证书。

(五)课程运行情况分析

好课是运营出来的,一门慕课通过选题、制作、上线运营,需要全体制作团队人员的通力合作。《基础英语视听说——玩转英美》慕课经过所有团队教师的不断探讨,于 2017 年 8 月将所有课程内容拍摄完毕,并制作了与课程配套的同步习题。

　　慕课课程想要提高实践效果,就需要从导学、助学、促学三要素入手,结合互联网思维方式和手段的运用,提高对个体学习者的关注和干预,更关注过程中的学习和活动的发生。该课程基于校内超星在线课程平台建设,同时在中国大学慕课、学堂在线平台上面向在校大学生以及对英美文化感兴趣的成人学习者开放,其教学目标是让学习者掌握在新环境下的学习能力,包括对新环境的觉知、驾驭、个人学习能力的提升。整门课程的设计围绕着引导学习者去了解、掌握英美文化中的日常生活、出行、礼仪等方面的内容,助力学习者能更好地处理涉外事务。课程运营环节主要设计了三个部分:

　　首先,导学。课程团队在设计阶段就充分体现了用户思维,邀请学习者参与,将其加入到课程设计的队伍中去,零距离聆听学习者的需求,并据此进行课程内容的设计与开发。通过前期课程设计阶段的参与,增加学习者的归属感与责任感,使其在课程开课之前就对课程充满了期待和关注。在开课之前,课程团队通过网站、微博、微信、QQ群等多种互联网方式对课程进行了宣传推广,让更多学习者提前了解并熟悉本课程,充分体现了互联网思维中的社会化思维。课程的宣传信息对课程进行了详细的说明,包括这是一门什么样的课程,学习者将会学到哪些内容,会有什么样的收获,采用什么样的学习方式,以及需要学习者付出多少时间和精力等,便于学习者更好地决定是否参与、参与方式、制定学习计划。课程团队还专门录制了宣传视频,以便学习者更好地了解课程。

　　其次,课程内容的按周发布。课程学习内容按周发布,使学习者保持相对同步的学习节奏和进度,能够在同样的学习内容基础上进行互动和讨论,同时便于课程团队提供不同学习阶段的策略指导。在课程教学过程中,课程团队同样鼓励学习者积极参与课程建设,以获取学习者对课程的改进意见,并根据这些意见和需求调整教学内容、进度或教学安排,不断优化当期课程,并为后期课程开课做好完善的基础。这充分体现了"以学习者为中心"的用户思维和"灵活的课程设计与组织"的迭代思维。

　　最后,任务引导。本课程以实践能力提升为目标,希望学习者通过学习能够逐渐掌握并熟悉与英美国家人士社交、生活应用的一些技巧。因此,课程资源设计紧紧围绕任务展开,每个内容模块都为学习者设计了与生活紧密联系的实践活动,并提供完成这些活动所需要的知识、内容和工具等信息,启发学习者如何完成任务,并在任务开展过程中时刻关注,在必要时提供引导和协助。

由于学习者数量庞大,MOOC 课程基本无法实现对学习者提供个性化的服务,很多学习者遇到的问题难以得到及时解决。为解决这一问题,课程团队设计并尝试了多种方式,以期提高助学效果,包括加大学习辅助内容,尽可能在内容设计过程中就消除一些可能出现的问题,避免后期过多的人员投入;通过 QQ 群、微信等多种互联网渠道提供助学服务;在学习者中挖掘学霸和积极性高的学习者,使其加入到服务团队当中,参与助学服务,充分发挥同伴互助的潜力。

该课程在面向社会运行后,发现有几个问题存在:

授课团队教师平时授课任务较为繁重,课程上线后需要花费大量的时间来管理课程,无法较好地管理运行课程。

该课程全部为英文授课,选课者如果英文基础薄弱,就很难听懂。因此选课人数就受到影响。该课程拟将所有课程内容的中文字幕添加到视频中,在课程更新中,也将采用中英文授课方式降低课程授课难度。

在线课程建设实现了学习资源的共享,教学资源的更新、维护,创建互动、讨论组等大量问题,在线开放课程的建设与实施促进了教师队伍的建设与分工合作,改革了传统教育教师单打独斗的弊端,有助于不同教学与学习理念的拓展与传播。

在线开放课程建设转变了学习者的学习方式。在资源共享开放课程网络平台上,学习者的学习方式发生了很大的转变。教师的"教"被弱化,学习者的"学"的主体作用被强化。通过网络平台,学习者打破了时间与空间的限制,可以根据自己的学习需求和个人学习情况,随时随地自主安排学习。

同时,在线开放课程建设也推动了课程教学模式改革,推动了考核评价方式的改革,为学习者提供了各种完善的教学资源和拓展资源学习区、互动交流区、评价考核区等。利用在线开放教学平台,教师可以有效地实施多元化的交互式和应用性教学,促进学生的主体学习、主动学习。在线开放课程还能记录学习者的学习轨迹、学习情况及学习效果,并生成基于学生学习行为的反馈数据,促进了教与学评价体制的变革。

第四节　师资队伍建设改革

在专业建设不断推进的过程中,师资是核心引领,专业师资水平的高低决定着专业的地位与实力,教师也是学院发展的核心资源,是推动教育改革和发展、提高教育质量和效益、实现教育目的的根本保证。应用英语专业坚持以服务教师、学生发展为本的办学理念,不断加强师资队伍建设,努力打造"双师型""复语型""精英型""国际化型"的多元化师资团队。近年来,应用英语专业通过国内外专业培训、国内外学历深造、校企合作共同培育等方式打造了一支结构优化、专兼结合,在同类院校、同类专业中突出的师资队伍。

一、应用英语专业教学团队基本情况介绍

应用英语专业拥有一支专兼结合的双师型教学团队,团队教师年龄皆在30—40岁之间,正处精力和经历双鼎盛的时期。团队共有46人,其中企业兼职教师17人,外教5名。应用英语专业教学团队的专职教师具备了丰富的教学经验和全新的职教理念,其中高级职称14人,占教师总数的30%;研究生学历或硕士学位44人,占教师总数的95.6%。在职称结构上呈现副教授、讲师和助教的梯队状,教学团队骨干成员都具备专业管理素质,实现能力、知识和素质三方面要求的融合,实现课程建设、学术展现和师资培养的有效结合,为师生服务的意识很强,注重提高教学管理水平,在教师、学生中起到了很好的桥梁和纽带作用。

教学团队中有些教师具有相关行业的企业工作经历,部分教师已获取一定的职业资格证书,多数教师带过多届毕业生综合实践。而来自企业的兼职教师具有深刻的行业背景和长年积累的经历、经验和实践教学的能力。

按照《高职院校应用英语专业教学标准》规定,主干课程主讲教师均为中高级专业技术职称,生师比20:1,专业课教师每两年应有至少两个月以上时间参加专业实践活动。此外,应用英语专业具有一支业务能力强、责任心强的外聘兼职教师承担专业实践教学。外聘专业教师具有丰富的行业从业经验,能相对稳定地为专业教学工作提供支持。

三、应用英语专业教学团队建设

应用英语专业作为校级优秀教学团队,重视教风、师德建设,学生满意,社会评价好。基础课专任教师注重学历、职称提高,专业课专任教师强调技能水平提高及增加企业一线工作经历。学校重视专业教学团队建设和团队带头人、骨干教师培养。

(一)"双师型"教师队伍的培养

1.提升教师专业技能

应用英语专业支持专任教师参加国内外各类培训以提升业务能力。学院制定师资队伍建设发展规划相关文件,制定高层次双师型骨干教师下企业实践、职业资格证书培训、出国进修等教师进修项目规划。

教师的培养途径主要有职业资格证书的考证培训、下企业实践、学历进修、出国进修英语教学法、单科进修等。学院对各个培养项目进行跟踪管理。教师参加培养项目的积极性大增,具有企业一线工作经历的专任教师数不断增加。

2.优化、调整、提升教学团队的综合实力

专业在原有的教学团队基础上,进一步整合团队力量。目前已建立的教学团队有4个,即英语专业基础课程群教学团队、英语专业外贸电商方向课程群教学团队、英语专业国际物流方向课程群教学团队、英语专业翻译方向课程群教学团队。团队内部实施师徒制,构成老中青结构合力、精诚合作的教学团队。团队合作不间断探讨教学与科研,整体提高教科研水平。

(二)"复语型"教师队伍的培养

激发应用英语专业师资中的小语种潜能,创新培育小语种团队,通过进修、培训、交流、指导、研究、社会实践等多种途径提升平台各成员的小语种水平和应用能力,提升专业服务宁波及国家"一路一带"倡议的能力。通过宁波城市学院小语种团队(中心)建设,形成一支涵盖西班牙语、德语、法语、韩语、日语等的小语种团队,每个小语种具有2名以上较高水平的带头人,能够完全胜任人才培养、资料翻译、会议翻译等工作任务,成为宁波市具有相当知名度的富有特色的"小语种团队(中心)"。

(三)"精英型"行业兼职教师队伍建设

整合省、市、校内外资源,与企业共建专业师资培训基地,提升教师的职业操作能力,从合作企业聘请一批具有丰富工作经验、一定教学水平的业务骨干,满足专业实操课程教学需求,并稳定兼职教师队伍;每年从宁波市其他高校聘请一批中高级职称的语言课程和专业课程的兼课教师,以满足学院教学工作需求。建立兼课/兼职教师资源库,加强对兼课/兼职教师,特别是企业兼职教师的培训。采用一对一的结伴教学模式,专任教师帮助提高企业兼职教师的教学水平,企业教师帮助提升专任教师的职业操作水平。

(四)"国际化型"外籍教师队伍建设

应用英语专业要继续稳定与提高外籍教师比例,满足国际化专业教学和建设需求。外籍教师人数稳定在 5 名左右。外籍教师的准入条件不断提升,除要具备良好的语言能力外,必须具有和语言教学相关的证书或者一定的企业工作经验,能用英语讲好专业课。

第五节　实践教学条件营造

实践教学作为专业的重要核心环节,是职业院校提升人才培养质量的基础和前提。依据每年召开的培养方案研讨会上来自企业的专业建设指导委员会的意见和建议,应用英语专业不断改善专业实践教学条件。

一、实训基地建设与应用

(一)校内实训基地建设

校内实训基地主要是指以仿真的职业场景为教学环境,以职业岗位能力要求为教学内容,以培养提升学生英语语言运用能力、业务操作能力和综合素质为目标建设的校内实训基地。

近年来,应用英语专业的实验、实训的硬件条件有了一定的改善,新建一个英汉同声传译实验室、一个外语自主学习中心、一个语言培训实训室,能满足英语专业的教学需要。课堂教学能充分利用网络信息资源,促进学生的个性化自主学习,为学生实践能力的培养和提高提供了一定的硬件保障,目前共建有 23 间语言、专业实训实验室,部分机房和实验室安装有浙科和 PTOT 等外贸和物流专业模拟软件,为一些操作课程的教学提供了较好的平台,从而保障实践教学的正常开展。

(二)校外实习基地建设

校外实训基地的建设是课堂教学和校内实践教学的延伸,是学生了解社会、学习专业知识、培养职业技能的最佳场所。校外实训实习基地以培养学生职业能力和职业道德为目标,增强学生就业竞争能力,缩短学生在企业就业的适应期。

1.建设校外实习基地群

应用英语专业学生的涉外实习岗位的特点是吸纳实习生量小,吸纳实习生量随经济变动快。国际交流学院积极创造条件,谋求与外语类专业对口的行业用人单位进行交流与合作,努力加强与社会各界的联系,尽可能扩大和提高校外实习基地的数量和质量,力求在原有实习基地的基础上建立、稳固和建设一批相对稳定的教学实训、毕业实习和社会实践基地,努力优化学生实训和实习效果,使每个学生都能充分进行顶岗实习等实践活动。目前已建立一批包括宁海县赛露国际贸易有限公司、宁波布利杰进出口有限公司、宁波市保税区珂蒙国际贸易有限公司等实习基地在内的校外实习基地群。

2.建设校外顶岗实习基地

为在实际工作岗位上提高学生实战能力和工作技能,为学生的可持续发展奠定坚实基础,使学生具备比常规教学模式下更强的工作能力(技能)与素质,以及更强的自主学习能力与可持续发展能力,我院通过实地考察和多方调研,与行业企业签订"2+1"合作办学协议书,开始开展"2+1"模式的合作办学。

3.成立应用国际职业教育产学研联盟

应用国际职业教育产学研联盟的建立有利于开展应用外语职业教育产学研深度合作,在科学研究、人才培养与企业需求之间形成互动,坚持四个结合——校内与校外相结合、服务职业教育与参与地方经济建设相结合、科研与教学相结合、请进来与走出去相结合,建立产学研合作创新和共同发展的运行机制,增强学校原始创新、集成创新、引进消化吸收再创新能力,提高应用英语专业人才培养质量。

二、实践教学规范管理

日常课程内和学期末的实践教学采用任课教师课堂责任制,教师在多媒体教室和相关的实验室内开展教学,填写实验、实训运行计划表和记录表,学生填写实训报告,记录和总结实训项目开展情况。

此外,通过以下几方面安排学生的毕业顶岗实习和毕业综合实践工作。

1.成立学生毕业实习工作领导小组

领导小组负责毕业实习的布置、计划、监督和总结。

2.指定实习指导教师

由学院统一安排实习指导教师,负责与实习单位的联系、学生实习信息的反馈等实习过程的跟踪与指导。

3.组织实习和毕业综合实践各项准备工作

召开学生实习动员大会,做好安全教育和实习质量、要求的规范教育。

4.评定实习和毕业综合实践成绩

严格实施学籍管理规定和实习管理制度,要求将实习过程实习报告、实习周记和毕业综合实践方案质量成绩作为学生毕业成绩的重要组成部分。实习部分企业的指导教师所结的成绩分值所占比重较多。实习报告由指导教师批改,成绩不合格者不予毕业。毕业综合实践答辩未通过者不能毕业。

第六章　应用英语专业产教融合协同育人改革实践

国务院办公厅国务院 2017 年 1 月 10 日印发的《国家教育事业发展"十三五"规划》(国发［2017］4 号)中指出,推行产教融合的职业教育模式,深化产教融合协同育人,以产业和技术发展的最新需求推动高校人才培养改革,推行校企一体化育人,推动行业企业与学校共建人才培养基地,实行产学研协同育人,强化实验、实训、实习环节,建立高校与企业、行业、科研机构、社区等合作育人机制,全面提升学校教学水平。

第一节　国外产教融合育人模式概况

一、德国"双元制"育人模式

德国"双元制"模式是一种校企合作协同共建办学制度,所谓双元指企业和学校共同参与技能型人才的培养,即"在企业里学生学习实际工作中的操作技能,同时在职业学校进行理论知识的学习"(唐忠,2015),学校教育和企业技能技术教育有效结合。"双元制"育人模式针对性强,注重技能的培养,学生在接受企业实践操作技能培训中,接受的是行业、岗位最新的设备和技术,有利于学生在培训结束后的直接顶岗工作,为学生的职业技能提高和就业带来长足的发展。学生在这种育人模式下,具有"双元"身份:既是学技术、拿工资的学徒工,又是学校学习文化知识的学生,实现"工学交替"。

二、美国"合作教育"育人模式

美国从二十世纪初开始倡导"合作教育",旨在将"课堂学习与通过相关领域中生产性的工作经验学习结合起来,是一种结构性教育策略"。学生的工作领域要与其专业或者职业目标相关。其主要操作模式为学生入学半年后,便将企业的实际训练和学校的教学以两个月左右为期限交替进行,直到大学学习结束、毕业为止。"合作教育"模式以学校为主,企业参与性高,企业提供劳动岗位和劳动报酬,派遣企业员工辅导学生的实训过程,协助教师完成学生成绩的评定。

三、英国"工学交替"育人模式

英国的"工学交替"模式是一种"理论＋实践＋理论"的学工交替式育人模式,俗称为"三明治"教育模式,通常按照工学教学实践安排可以分为长期和短期两种。长期的"工学交替"有两种学制,即"2＋1＋1"和"1＋3＋1"。"2＋1＋1"指学生入学后,先在学校学习两年,第三年申请进入企业工作,第四年再回到学校学习,完成学业,获得证书。"1＋3＋1"指学生入学后,先在企业工作一年,体验和认识工作岗位,第二年回到学校,在校完成2—3年的理论学习,第四或第五年再回到企业,把理论应用到实践中去。英国的"工学交替"育人模式能把企业实践与教学融为一体,使学生能在所选择的典型工作环境中学习,给学生提供适当的理论知识与实践相结合的机会,而且使学生做好就业准备,具有较好的技能和创造力。

四、新加坡"教学工厂"育人模式

新加坡"教学工厂"模式,顾名思义,是将实际的企业生产环境引入到教学环境中,利用学校先进的教学设备和企业的真实工作项目,建成符合企业生产环境的具有完善的生产设备设施、技术先进的教学工厂,从而形成学校、企业、校内实训基地三位一体的综合育人模式。"教学工厂"模式给学生提供学习企业真实工作项目的同时,不失系统学习理论知识的机会,使学生既接受企业技术人员的指导,又有理论知识扎实的学校教师的指导。而对于学校而言,借助企业的真实工作项目,教师有了解产业发展趋势的途径,也有进行科研创新的平台。对于企业而言,得到了学校教师的理论指导和科研创新指导,同时也得到了发掘、培养企业人才资源的平台。学生、学校、企业实现了共赢。

五、澳大利亚"TAFE"育人模式

澳大利亚"TAFE"模式是指澳大利亚职业教育（Technical And Further Education），是以终身教育理念为基础的特色鲜明的职业教育制度，是一种新型的现代学徒制，旨在解决学校人才培养和企业用人之间的不匹配现象。TAFE 职业教育育人模式以社会经济发展需求为基础，以培养实用型技能人才为根本，以培养岗位关键能力为核心，具有较强的实践性和实用性。TAFE 课程内容都是根据社会经济和商业生活发展需要的内容设置，给学习者提供知识与技能；课程内容的模块式结构和统一的证书制度能使职业教育与普通教育、高等教育相融合，充分体现终身教育的理念。TAFE 的入学者可以是企业在职人员、学徒，也可以是普通大学毕业生，对于学生的年龄没有严格的限制。目前 TAFE 的资格证书框架体系主要分为六个级别：一、二、三、四级和五级（文凭证书）、六级（高级文凭证书）。这些培训包和评价体系都是由澳大利亚国家和地方政府出资，由相关领域内有资质的专门机构和专家进行系统性开发，由国家职业资格证书主管部分部门审核并发布实施的。因此 TAFE 育人模式具有三大特征：基于行业需求确定专业方向，主要教学形式为实践教学，课程评价基于严格的技能标准和能力标准。这充分体现了澳大利亚职业教育的实践性和适用性。

第二节　国内产教融合育人模式概况

近年来，我国职业教育发展迅速。在面临社会竞争不断激烈的大环境下，职业教育院校为谋求自身发展，提高教育教学质量，与社会接轨，与市场接轨，采取与企业合作的方式，谋求发展之路。各级政府也纷纷出台各种政策加强完善职业教育和培训体系，鼓励职业院校与企业深度合作，产教融合，实现学校、企业、学生"三赢"，尤其是 2017 年 12 月国务院办公厅印发的《关于深化产教融合的若干意见》中指出加强院校和企业之间的合作，培养更多的高质量高技能人才，进一步推进校企双方可持续性发展，加强双方优势互补，实现互惠共赢。目前我国职业教育领域内校企合作的方式主要有"订单式"培养、"工学交替"等。

一、"工学交替"模式

"工业交替"模式是目前高等职业教育采取的最为常见的一种产教融合的育人模式。按照专业人才培养方案,学生在进行校内理论学习的过程中,需要走进企业,了解企业生产状况,了解岗位要求,学习企业文化,将校内所学知识应用到企业工作中。目前主要的形式有"岗位认知""顶岗实习"。

(一)岗位认知实践

岗位认知实践,多以社会实践的形式要求大一学生完成,旨在让学生对拟就业的岗位和行业企业进行参观、学习,了解企业岗位设置以及对人才需求的要求。形式可以为去企业参观、企业调研、企业访谈、参加企业讲座等,也可以邀请行业、企业专家进校以讲座的方式介绍行业发展状况、企业岗位设置情况、企业用人要求等,让学生对未来所从事的行业和岗位有较为初步的认识,对后续的专业课程学习有感性的认知,同时找出自己在这些方面所存在的差距和不足,并在以后的学习中有所侧重地加以提高。

(二)顶岗实习

顶岗实习是专业实践教学体系中重要的组成部分,是检验学生理论学习情况的重要环节,主要是针对即将毕业的学生开展的实践教学,多安排在三年制学生的第五学期和第六学期。学生根据学校安排,选择学校推荐的企业或者自主选择企业,进入企业完成 20 周左右的顶岗实习实践。顶岗实习过程中,学生在企业中以准员工的身份参与到相关企业的管理与服务工作中。顶岗实习的课程设计以培养学生岗位职业能力为总体目标,基于校企合作、工学结合的实践教学平台,使学生在掌握基础知识和技能训练的前提下,在真实的工作环境和企业指导教师的帮助下,完成该专业从业人员应具备的各项综合能力与素质的训练,同时有针对性地收集与毕业设计有关的资料,达到人才培养的总体目标。

二、"订单"合作模式

"订单"合作模式是我国校企合作人才培养模式中比较常见且有效的方式之一。"订单"合作模式指企业和学校签订办学协议,招生录取学生时,企业要与学生、学生家长签订委培用工协议,实现招生、招工同步,顶岗实习与就业融为一体。在人才培养过程中,校企双方要按照企业岗位要求共同制定教学计划,进行课程设置、课程教学标准的制定。学生在校期间,企业有责任和义务对学生进行行业规范、企业文化、行业知识技能的培训;学生毕业后,要按照入学时签订的协议进入企业工作。常见的形式有"冠名班"模式、"订单班"模式。"冠名班",顾名思义,学校班级的命名多以企业的名称命名,冠名班课程采用企业嵌入式课程,由企业人员和学校教师共同授课,实现教学要求与企业要求的"零距离"接轨。

三、"企业引入"模式

企业引入模式主要是指企业利用学校的场地、实训设备进入校园设立企业分部,可以通过生产性实践教学活动得到学校教师的研发支持,培养企业所需人才,缩短企业优秀职工的培养周期,减少企业人力资本,进而减少生产成本;而学校利用企业生产投入和行业指导的优势,减少教育成本,通过建立专业教师和企业技术人员的合作教学科研团队,提高教师的双师素质。学生可以在校内接触到实际工作岗位的工作任务,更早地接触真实的生产过程,为将来就业做好铺垫,实现学生到员工的角色转变。这一模式可实现学校、企业和个人三方共赢。

四、职教集团模式

职教集团模式是指以两所高校为主体,联合地方兄弟院校和行业知名企业、政府管理主管部门形成的旨在促进地方经济发展,实现集团成员"共赢"的校、政、企联合体。此种形式能有效地积聚政府、社会企业、学校的优势办学力量,政府管理部门在政策上对职教集团进行支持和帮助,社会企业能充分发挥其在技术和市场资讯方面的优势,学校发挥教师理论、实践研究的优势,三方共促职教集团产学研的良性发展。此外,职教集团的职业院校的成员单位可以进行优势互补,强强联合,促进各自快速发展。

产教融合,全面育人,无论采用何种形式,其宗旨都是为了能把产业发展和教育教学有效密切结合,使两者相互支撑、相互促进,形成政府、社会企业、学校浑然一体的办学模式。

现存的各种模式中都有其优劣势,因此需要在具体实施过程中结合区域经济发展特点、专业办学情况进行综合考量。但是可以肯定的是,探索

高职院校产教融合改革之路一定是大势所趋,是中国职业教育发展的有效
途径。

第三节 应用英语专业产教融合育人改革实践

在全面贯彻落实国务院办公厅印发的《关于深化产教融合的若干意
见》的精神指导下,应用英语专业不断深化产教融合模式,全面提升人才
培养质量,面向产业和区域发展要求,创新教育模式,在不断汲取国内外
优秀的校企合作、产教融合案例经验基础上,积极推行校企合作的改革和
实践。

一、实施现场教学

现场教学是指教师根据课程教学任务,通过精心组织策划,将课堂搬
进工作现场,让学生在真实的企业活动情境中,通过观摩,企业人员或教师
的现场讲解、示范、指导,完成内容的学习。现场教学强调"教学做一体",
强调学生在做中学,教师在做中教,打破了课堂教学的时空局限,让学生与
企业零距离接触,为构建开放型课程教学模式提供了条件。

近年来,应用英语专业通过与企业合作,先后把跨境电商实务、国际贸
易实务、国际货运业务操作和国际物流实务等课程的课堂搬到了校外实习
基地,学生到工作或岗位现场观摩、学习并实际上岗操作,并由正在执行工
作任务的企业专家和业务行家为学生做各个任务环节要领等方面的讲解,
让学生亲身体验,习得知识,掌握技能。同时,广大教师始终把满足岗位需
要的职业素质教育融入各教学环节中,在教学过程中培养学生敬业爱岗、
遵纪守法、团结协作、讲求效率、注重创新等职业素质。

现场教学是一种新型的实践教学改革模式,为了保障现场教学实施的
有效性,专业和授课教师不断拓展与课程内容贴近度高的企业或工作现
场。应用英语专业教师团队每年都不断地挖掘校企合作资源,通过产学研
联盟,把更多的企业资源融合在一起,为学生的实训提供良好的资源保障。
此外,作为采用现场教学授课模式的任课教师,持续做好校企对接,不仅只
是场地的对接,更多是教学内容的对接,做到现场教学规范实施,有效
推进。

二、实施"2+1"模式培养

目前,在我国高职院校校企合作模式中最为常见的一种方式就是"2+1"模式,高职三年制学生两年在校学习基础理论、专业知识和技能,培养职业素养,第三年进入企业接受企业的岗前培训,顶岗和轮岗实习,并结合企业生产实践进行毕业设计。"2+1"模式培养可以让学生在进入真正的职场前,利用在企业学习的一年时间,充分了解职场,有效提升学生的动手能力和职业素养,提高学生的综合素质,实现学校与企业的零距离对接。

2008年开始,应用英语专业本着"以就业岗位为导向,以专业核心能力为基础,学历证书和职业资格证书并重"的思想,邀请企业专家参与岗位任务分析和课程设置探讨,开发课程,发展和完善"基于'平台+模块'课程结构体系""基于'工作任务和职业能力目标'的课程内容体系""'三个课堂联动'的实践教学体系"的高职双证制人才培养模式。努力拓展"2+1""顶岗实习""教学做合一"等工学结合培养方式,实现人才培养模式的多样化。学院积极创造条件,谋求与外语类专业对口的行业用人单位的交流与合作,努力加强与社会各界的联系,尽可能扩大和提高校外实习基地的数量和质量,力求在原有的实习基地的基础上建立、稳固和建设一批相对稳定的教学实训、毕业实习和社会实践基地,努力提高学生实训和实习效果,使每个学生都能充分进行顶岗实习等实践活动。

应用英语专业近年来校企合作主要在师资、技术、设备及办学条件上进行合作。第一,由双方经过一定选拔程序,单独组班;第二,经过双方协商,专门为该班制订衔接教学计划,确定教学内容和方式;第三,成立专门管理小组,拨出专项经费,用于该班全过程组织管理和经费保障;第四,学年的教学主要由合作企业负责,课程教学全部由企业的中高层管理人员承担,见习和顶岗实习由企业的技术骨干担任指导,按共同制订的教学计划实施,学校负责配合和检查;第五,学生毕业后实行双向选择,一定比例的学生到合作企业直接就业,部分由合作企业推荐就业或自主择业。到目前为止,应用英语专业实行"2+1"校企合作培养涉外经贸复合型人才的企业有100多家,根据培养协议,学生经过和企业双向选择后,将直接进入物流企业等单位进行毕业实习,毕业后用人单位在同等条件下优先录用,这样为同学们就业铺平了道路。

"2+1"校企合作模式已在应用英语专业人才培养方面得到了长足的发展,优势成效明显,促进了专业建设和课程改革,使得专业建设过程中始终注意行业的发展动态,不断改进人才培养方案、教学目标和教学计划,保证学生学到的内容是行业的前沿内容,校企合作企业在专业教学标准和课程标准的制定过程中发挥了巨大的作用,学习企业共同实施课程开发、教材开发,实现了优势互补、资源共享。企业也通过"2+1"合作模式获取有效的学生资源,为企业人才的培养提供了保障。学生有机会提前接触企业,学习实践知识,动手能力和社会适应能力得到提升。教师也在"2+1"校企合作模式中受益,通过与企业沟通联系,教师可以掌握行业、企业的发展动态,提升自身的实践水平和业务水平。

当然,经过多年"2+1"校企合作模式实践,也发现了一些问题,例如学生在校学习时间缩短,对知识的掌握肤浅,从而导致实习效果不好;实习岗位与所学专业不对口,应用英语专业对口的企业多为外贸岗位,每个单位吸收的实习生量不大,因此就会产生学生找到的企业与自己所学专业贴近度不高,实习没有达到真正的目的的问题。因此,在实施"2+1"校企合作模式过程中应全面充分考虑,对于有可能出现的问题提早做出预案来应对,扬长避短。

三、组建行业"精英班"

"校企合作、工学结合"的人才培养模式中,"订单班"的培养模式也是最为常见的一种,是"高职院校针对用人单位需要,校企双方共同制定人才培养方案,签订用人合同,并在师资、技术、办学条件等方面相互合作,共同负责招生、培养和就业等一系列教育教学活动的办学模式"。应用英语专业学院依托产学研联盟,借鉴"订单式"培养模式,成立行业精英班,实现优质人才与优质企业的对接。专业从已建立"2+1"合作的企业中选择两家优质的企业:宁波龙星物流有限公司(市百强企业)和宁波宇兴集团(市出口企业排名第 66 位),通过设立校企合作精英班的模式,选拔优质学生入学,实现产教融合。在培养过程中,学院和企业共同制定人才培养计划,企业人员全程参与人才培养。同时,学院将企业文化引入校园,潜移默化地将学院文化、企业文化根植于学生心中。主要从四个方面进行合作:一是培养行业精英。"精英班"旨在培养行业"精英",因此在所有课程中全过程融入职业素养培养,全面提升学生综合素质,提升就业能力,实现高品质就业。二是打造学生为主体,教师主导的教学模式。精英班教学采用学生为中心的方式进行,结合物流模块的慕课建设项目,由学生和教师一起拍摄慕课学习资源,让学生在实践中学的同时能将所学内容内化,激发学生求职欲望和学习的成就感。三是实现行业辐射。以龙星公司和宇兴集团为平台,以两大公司的客户群为辐射圈,一改以往校企合作的单线方式,实现以点带面的辐射效应,自然而又顺利地将专业带入行业。四是将企业内训体系引入学校,将企业项目化教学资源引入学校,将企业工程师引入课堂,将企业考评体系引入教学评价,将企业管理制度引入课堂,让学生更快适应工作岗位,实现零距离就业。

2019 年 1 月国务院颁发的《国家职业教育改革实施方案》中提出"推动校企全面加强深度合作"。职业教育培养的人才要面向产业、面向市场,重要核心之一就是"产教融合",形成学校与企业一体的办学模式。但是在实践操作中,无论采用"2+1"还是"订单培养",参与职业教学的企业参与性和积极性都不够,最终影响了效果。但此次《方案》中很清晰地提到了激励措施:"校企合作中,学校可从中获得智力、专利、教育、劳务等报酬,具体分配由学校按规定自行处理。对产教融合型企业给予'金融+财政+土地+信用'的组合式激励,可按投资额一定比例抵免该企业当年应缴教育费附加和地方教育附加。"应用英语专业将进一步深入探索新时期高职教育深化产教融合、推进协同育人的新理念、新思路和新方法。

第七章 应用英语专业"1+1+X" 人才培养模式改革成效

宁波城市职业技术学院应用英语专业积极响应国家"一带一路"倡议,充分利用宁波市全力建设"名城名都"和"国家现代职业教育开放示范区"的契机,紧密依托"城市国际产学研联盟"平台,以校企合作、师资建设、课程和教学改革、实训实践基地建设、信息化教学形态创新、"一带一路"国际教育合作为主要抓手,进一步完善"1+1+X"应用复合型英语人才培养模式和校企合作育人机制,进一步提高专业人才培养质量,打造一支教学科研水平高、社会服务能力强、国际视野宽、创新意识佳、专兼结合的双师结构师资队伍。通过十多年的建设,应用英语专业成为浙江省优势建设专业、宁波市特色专业、浙江省示范性实训基地建设专业,为宁波地区、浙江省乃至整个长三角地区共计输送了 3900 多名"外语精、专业强"的外贸人才、跨境电商产业人才、国际物流货代人才和商务翻译服务人才,为区域经济与产业发展做出了巨大贡献,已形成较广泛的社会影响力,取得良好的改革成效。

第一节 专业课程建设与教学改革成效

一、实施"分层教学、分类培养"人才培养体系成效显著

近五年来,应用英语专业为充分落实《宁波城市职业技术学院分类培养工作实施方案》,结合行业企业需求、学生愿望、专业培养目标、师资队伍、实践教学条件、校企合作等实际情况,根据"分类培养、分层教学、尊重选择、多样成才"指导思想,以高素质技术技能型或技术型合格人才培养为基础,开展"专升本型""技能型""创新创业型""国际化型"等不同类型和不

同发展目标的人才分类培养工作,以培养优秀杰出人才。经过多年的实践,一批批学生脱颖而出。分类培养学生在不同类别中表现越来越突出,"专升本型"升学率逐年增加,平均上线率在30％以上。

二、深入开展"1＋1＋X"的复合人才培养课程体系成效显著

应用英语专业致力于通过三年不断线的英语课程和二外课程来强化学生英语专业语言能力"1"和做强学生二外"1"的复语能力,同时按照外贸电商、国际物流和翻译服务岗位方向设置能力与考证相融合的模块课程。"1＋1＋X"的人才培养课程体系,即"英语＋二外＋专业技能",均通过从基础到提高、再到精英课程,为学生的语言和专业能力提升提供"螺旋＋平台"课程支撑,加强学生的英语能力,同时注重加强培养学生的二外能力以培养学生复语能力,目前四级通过率达到95％以上,二外选修率达到100％。此外,做精学生"X"多方向的岗位技能,目前开出的主要方向有外贸电商、外贸物流和英语翻译,60％以上的学生获得"X"多方向的中级(或以上)技能等级证书。"1＋1＋X"的人才培养创新体系经多年实践,在培养一专多能的高素质应用型创新语言人才方面有显著成效,为国家"一带一路"建设做好人才储备工作。

三、课程信息化教学改革创新教学课堂,极大提高了教学效果

近几年来,以《宁波城市职业技术学院教学形态信息化创新应用工作方案》(宁城院党〔2015〕3号)为引领,以《宁波城市职业技术学院教学形态信息化创新应用项目管理办法(试行)》(宁城院政〔2015〕11号)为保障,应用英语专业教学团队教师充分运用现代教育技术手段,探索基于信息技术的教育教学模式改革,加快信息技术与教学的融合,重视教学资源共享平台建设,积极倡导基于互联网技术的混合学习、翻转课堂教学等多种教学手段方法创新,运用现代互联网信息技术创新和改造课程教学形态的氛围基本形成,90％以上的师生拥有实名网络学习空间,学生借助互联网信息技术提高学习兴趣、学习效率和自主学习能力,教师运用教育信息技术提升教学效果、满足学生个性化学习的需求。目前应用英语专业课程中75％

以上的课程实施翻转课堂等混合式教学模式,立项各级各类慕课、在线课程建设 10 余门。教师教学形态信息化创新应用能力不断提高,近三年来,应用英语专业教师获得全国职业院校技能大赛职业院校教学能力比赛(全国职业院校信息化教学大赛)二等奖 1 项,三等奖 2 项,中国外语微课大赛国家级一、二、三等奖各 1 项,省级一等奖 4 项,二等奖、三等奖各 3 项,校级信息化教学大赛一、二、三等奖共计 12 项,信息化教学改革在省内高职院校同类专业处于领先地位。

四、全面驱动型的国际化人才和师资团队培育模式

应用英语专业不断吸引全球优秀的外籍教师加入,目前通过全球招聘的优秀外籍教师 15 名,其中三名教师荣获宁波市茶花奖,近五年毕业后到海外学习或留学的学生比例为 8%。专业通过选派优秀师资出国访学、校内教师澳大利亚 TAE 四级证书培训等方式,促使专任教师必须持国际认可的教育证书才能进行全英语教学。跨国交流和合作使得专业课程国际化有了大变革,目前岗位方向课程中全英文课程有 16 门,双语课程有 10 门,这些课程质量和教学水平达到国际水平,课程内容与国际接轨,课程设置时代特色鲜明。国际化成果也为培养具有国际化视野的高素质、高技能人才提供了路径保障。

五、推进校企业合作、产教融合,实现多方位合作

不断推进校企合作、工学结合,与政府、行业、企业实施多方位合作。以"城市国际产学研联盟"为平台,去粗存精,探索与有一定规模和综合实力的外贸、物流、金融、旅游酒店等行业、企业的深度合作。通过校内生产型创业型实训基地共建,积极探索"2＋1""订单式""学工交替""公司制""师徒制""实岗培养"等模式,完善教学的实训实践环节,提高学生的实践能力。学校和企业共同制定人才培养方案,共同开发专业课程、教材和其他教学资源,在专业模块课程建设中,积极拓展行业企业专家、技术人员到学校任兼职教师。校企双方师资共同辅佐,共同开发在线课程,多方位体现校企合作元素。

通过改革,学生实操能力大大加强。近年来,学生开设了 80 多家跨境网店。外贸/跨境电商、物流模块学生全部通过真实贸易项目考核,2015 年学校被阿里巴巴速卖通大学评为"优秀教学点"。外贸/跨境电商和物流模

块全面引进企业真实项目,为学生提供真实的实训流程;翻译模块学生分批到校内外实训基地见习。

第二节　人才培养质量主要成效

一、基于"1+1+X"人才培养模式的分类培养实践成效显著

应用英语专业实施的基于"1+1+X"人才培养模式的分层教学、分类培养实践,人才培养成效日益显现。学生的培养质量逐年上升,分类学生中的"专升本型""技能型""创新创业型""国际化型"等都有了质和量的明显提高。专业近5届毕业生升本率逐年稳步上升,达到36%以上;初次就业率在97%以上;毕业生毕业一年后对母校满意度在82%以上;毕业三年后对母校满意度达到88%以上;用人单位对毕业生的满意度在83%以上;毕业一年后毕业生就业岗位与专业相关度最近一年达到了70%以上。人才分类培养成绩突出,在"复合型"人才培养基础上,其中"专升本型"学生数逐年增加。浙江省教育评估院关于2013届浙江省高校主要专业就业数据分析报告中,商务英语专业"专升本"上线率全省平均数为8.88%,而我校2013届上线率就达到了26.8%。这些数据表明基于"1+1+X"模式的分层教学、分类培养实践科学合理,学生培养成效显著。

二、课程和教学改革不断推进,学生的英语、复语能力有了显著提高

应用英语专业不断推进课程改革和教学改革,注重教学信息化形态创新应用,建立了学科竞赛指导团队、学科俱乐部、院校两级学科技能节"三位一体"学科技能训练体系,通过以赛促教、以赛促学,培养精英学生。三年内学生荣获国家级、省级创新创业大赛8项。其中2014年获全国第四届高职高专院校"挑战杯"创新创业竞赛特等奖。

专业学生的英语和第二外语能力有了显著提高,突出表现在大学英语四六级考试的通过率稳步提升,学生参加省级学科技能大赛多次获得大奖。近年来,学生参加浙江省高职院校实用英语口语大赛,获得省级一等

奖 2 项,二等奖 4 项,三等奖 6 项;参加全国大学生英语竞赛,获得省级一等奖 6 项,二等奖 10 项,三等奖 15 项;参加浙江省高职高专实用英语写作大赛,获得省级一等奖 3 项,二等奖 6 项,三等奖 8 项。英语及多语种语言技能课程的开设提升了学生英语听、说、读、写、译语言综合水平,进一步强化了学生复语语言表达能力,实现了"多语种"复合能力的培养。

三、专业社会影响力

(一)助推"一带一路"产学研融合,加强校企对接

应用英语专业积极服务国家"一带一路"倡议,基于获批的英国繁荣基金、宁波市"一带一路"科教资源共享平台等项目与平台,积极拓展与"一带一路"沿线国家的合作交流。专业成立了国际教育产学研联盟,且搭建了"一带一路"科教资源共享平台。依托联盟,专业目前已与 80 多家企业深度合作。这些企业每年提供不下 400 个顶岗实习岗位,较好地满足了学生的实践、实习及就业需要,校企合作共赢、双赢的局面初步形成。

(二)服务宁波经济发展,推进政校企行的通力合作

应用英语专业依托"宁波城市职业技术学院城市国际产学研联盟"和宁波市"一带一路"科教资源共享共建平台积极为宁波市政府及各类组织提供翻译服务工作及针对不同的国别区域,基于"一带一路"沿线不同国家的经济和产业发展需求,开拓不同的语言服务工作。这些软硬件的支撑极大地提升了专业服务于"一带一路"、服务于企业、服务于社会的能力。

(三)开拓国际化项目,提升专业国际化服务水平

利用"一带一路"科教资源共享平台,专业逐步服务于国家"一带一路"建设,通过承接中东欧论坛等大型商业服务项目和留学生项目,不断创新与提升专业的社会服务能力。招收格鲁吉亚和哈萨克斯坦的来华留学生三名,实现了"一带一路"沿线国家来华留学生的突破,为我校加强高质双向的国际交流、培养国际化人才开拓了渠道,提供了更多的平台。

参考文献

[1] 国家中长期教育改革和发展规划纲要领导小组办公室.国家中长期教育改革和发展规划纲要(2010—2020 年)[M].北京:人民教育出版社,2010.

[2] 教育部职业院校外语类专业教学指导委员会.高等职业学校英语类专业教学标准[EB/OL].(2018-10-01).http://wyjzw.sdwm.cn/detail.asp? yy=5&id=1094.

[3] 贺雪娟.高职高专英语专业标准与课程设计[M].北京:高等教育出版社,2009:10-16.

[4] 宁波市统计局.2018 年宁波市国民经济和社会发展统计公报[EB/OL].(2019-02-02)[2019-02-03].http://tjj.ningbo.gov.cn/art/2019/2/2/art_18617_3583429.html.

[5] 中共中央文献编辑委员会.毛泽东著作选读(下册)[M].北京:人民出版社,1986.

[6] 中华人民共和国教育部.关于深化教学改革,培养 21 世纪需要的高质量人才的意见[EB/OL].(1998-04-10)[2018-10-01].http://www.moe.gov.cn/srcsite/A08/s7056/199804/t19980410_162625.html.

[7] 黄国勋,席鸿建,曾冬梅.地方综合大学人才培养模式整体改革研究[M].南宁:广西民族出版社,2001.

[8] 潘柳燕.复合型人才及其培养模式刍议[J].广西高教研究,2001(6).

[9] 汪榕培.21 世纪大学英语视听说教程 1[M].上海:复旦大学出版社,2016.

[10] 汪榕培.21 世纪大学英语视听说教程 2[M].上海:复旦大学出版社,2016.

[11] 汪榕培.21 世纪大学英语综合教程 1[M].上海:复旦大学出版社,2016.

[12] 汪榕培.21 世纪大学英语综合教程 2[M].上海:复旦大学出版社,2016.

[13] 邹申.写作教程 1[M].上海:上海外语教育出版社,2013.

[14] 陈宏薇.汉英翻译基础[M].上海:上海外语教育出版社,1998.

[15] 黄晔明.华研外语英语四级翻译 200 篇[M].北京:世界图书出版公

司,2018.

[16] 闻彤.高职英语分层次教学模式研究[J].中国电力教育,2010(28).

[17] 谈兴华.谈课程结构、教学内容、教学模式的改革[J].中国职业技术教育,1998(3).

[18] 倪惠民.动态教学模式与设计要素[J].外语与外语教学,2003,5(2).

[19] 吕旭红.中学政治教学中动态教学模式的运用[J].绍兴文理学院学报,2004,24(11).

[20] AROSON E. Jigsaw Classroom[DB/OL]. http://www.jigsaw.org/history.htm,2012-12-29.

[21] SLAVIN R S. Cooperative Learning and the Cooperative School[J]. Educational Leadership,1987,45(4).

[22] STEVENS R J, SLAVIN R E, FARNISH A M. The Effects of Cooperative Learning and Direct Instruction in Reading Comprehension Strategies on Main Idea Identification[J]. Journal of Educational Psychology, 1991,83(1).

[23] 高职高专英语专业系列教材编写组.英语综合教程[M].北京:高等教育出版社,2008.

[24] HALLIDAY M A K. An Introduction to Functional Grammar[M]. London:Edward Arnold,1985.

[25] LEVINE P,SCOLLON R. Discourse and Technology:Multimodal Discourse Analysis[M]. Washington:Georgetown University Press, 2004.

[26] 顾曰国.多媒体、多模态学习剖析[J].外语电话教学,2007(114).

[27] 张德禄.多模态话语分析综合理论框架探索[J].中国外语,2009(1).

[28] 张德禄.多模态话语理论与媒体技术在外语教学中的应用[J].外国教学,2009(4).

[29] 张德禄.多模态外语教学的设计与模态调用初探[J].中国外语,2010(3).

[30] 王玉雯.多模态听力自主学习的设计及其效果研究[J].外语电化教学,2010(6).

[31] 李欣,李玫瑛,王佳子.多模态自主听力教学模式有效性的实证研究[J].解放军外国语学院学报,2012(6).

[32] 龙宇飞,赵璞.大学英语听力教学中元认知策略与多模态交互研究[J].外语电化教学,2009(4).

[33] 胡永近,张德禄.英语专业听力教学中多模态功能的实验研究[J].外

语界,2013(5).

[34] 谢竞贤,董剑桥.论多媒体与多模态条件下的大学英语听力教学[J]. 外语电化教学,2010(6).

[35] RICHARDS J. The Language Teaching Matrix[M]. London:Longman Ltd. ,2001.

[36] 刘建银,黄露."国培计划"项目评估的五层次模型:基于柯氏评估模型的分析建构[J].当代教师教育,2013(2).

[37] 董洪学.培训项目的评估方法——评 Kirkpatrick"四层评估法"[J]. 燕山大学学报,2003(2).

[38] 戴锡莹,孙跃东,李岩.基于 Kirkpatrick 评估模式的网络学习绩效评价模式设计[J].中国远程教育,2009(1).

[39] 章义.基于柯氏评估模型的高职教学质量评价模式的新探索[J].当代继续教育,2015(186).

[40] 高园."柯氏模型"在高校课堂教学质量评估中的应用[J].鸡西大学学报,2014(10):24-26.

[41] 何克抗.从 Blending Learning 看教育技术理论的新发展[J].国家教育行政学院学报,2005(9):38-48.

[42] FANTUZZO J W, DIMEFF L A, FOX S L. Reciprocal Peer Tutoring:a Multimodal Assessment of Effectiveness with College Students[J]. Teaching of Psychology, 1989(16):133-135.

[43] WOLFE J A, FANTUZZO J W, WOLFE P K. The Effects of Reciprocal Peer Management and Group Contingencies on the Arithmetic Proficiency of Underachieving Students[J]. Behavior Therapy,1986(17): 253-265.

[44] RITTSCHOF K A,GRIFFIN B W. Reciprocal Peer Tutoring:Re-examining the Value of a Co-operative Learning Technique to College Students and Instructors[J]. Educational Psychology, 2001(3):313-330.

[45] SLAVIN R E. Synthesis of Research on Cooperative Learning[J]. Educational Leadership, 1991(48):71-82.

[46] 王坦.合作学习的理念和实践[M].北京:中国人事出版社,2002.

[47] DALE E. Audio-Visual Methods in Teaching[M]. 3rd Ed. New York: Holt, Rinehart & Winston,1969.

[48] 姜艳玲,徐彤.学习成效金字塔理论在翻转课堂中的应用与实践[J]. 中国电化教育,2014(7):133-138.

[49] FORSYTH D R. Group dynamics[M]. Belmont，CA：Wadsworth，Cengage Learning，2010.

[50] 王建新. 群体动力视域下的英语合作学习模式研究[J]. 中国教育技术装备，2009(30)：36-37.

[51] 何克抗. E-Learning 的本质——信息技术与学科课程的整合[J]. 电化教育研究，2002(1)：3-6.

[52] 黄荣怀，周跃良，王迎. 混合式学习的理论与实践[M]. 北京：高等教育出版社，2006.

[53] 王国华，俞树煜，等. 国内混合式学习研究现状分析[J]. 中国远程教育，2015(2)：25-31.

[54] ROBERT T. Inverting the Linear Algebra Classroom[EB/OL]. [2015-08-17]. http://prezi. com/dz0rbkpy6tam/inverting-the-linear-algebra-classroom/.

[55] 秦秀白. 警惕课堂教学娱乐化[J]. 当代外语研究，2012(7)：1-2.

[56] 朱昱，代芊. 西方风情系列读本之节日与婚礼[M]. 北京：外文出版社，2006.

[57] 钱清. 西方风情系列读本之礼仪与风俗[M]. 北京：外文出版社，2006.

[58] 创想外语研发团队. 情景口语小逆袭：10 天美语集训[M]. 北京：中国水利水电出版社，2015.

[59] 张菊荣. 西方文化风情路　英国篇[M]. 西安：西北工业大学出版社，2007.

[60] 池小泉. 西方文化风情路　美国篇[M]. 西安：西北工业大学出版社，2007.

[61] 王秀梅，李常磊. 英国文化博览[M]. 北京：中国人民大学出版社，2015.

[62] 李常磊，王秀梅. 美国文化博览[M]. 北京：中国人民大学出版社，2015.

[63] 艾力. 英语口语红宝书　飞跃级[M]. 北京：中国石化出版社，2014.

[64] 何其莘，杨孝明. 赴美实用英语手册[M]. 北京：外语教学与研究出版社，2016.

[65] 国务院. 国家教育事业发展"十三五"规划[EB/OL]. (2017-01-19)[2018-11-01]. http://www. moe. gov. cn/jyb_xxgk/moe_1777/moe_1778/201701/t20170119_295319. html.

[66] 唐忠，陈春莲，聂坤. 校企合作"双元制"创新培养模式探讨[J]. 领导科学论坛，2015(21)：31-32.

[67] 周建雷，李刚. TAFE 体系中英语教学模式与国内教学模式的比较[J]. 中国科教创新导刊，2008(29)：122.

[68] 张景耀，戚基艳. 论"校企合作、工学结合"人才培养模式的有效实施途

径[J].成功(教育版),2013(24):28.

[69] 陈解放."产学研结合"与"工学结合"解读[J].中国高教研究,2006(12):34-36.

[70] 杜瑞清.复合型外语人才的培养及实践[J].外语教学,1997(2):34-37.

[71] 陈新仁,许钧.创新型外语人才的理念与内涵——调查与分析[J].外语界,2003(4):2-6+26.

[72] 赵卿敏.创新能力的形成与培养[M].武汉:华中科技大学出版社,2001.

[73] 鲍宇科.专业教育与通识教育:一种哲学的视角[J].浙江社会科学,2007(4):138-141.

[74] 国务院.关于深化产教融合的若干意见[EB/OL].(2017-12-19)[2018-9-19]. http://www. gov. cn/zhengce/content/2017-12/19/content _ 5248564. htm.

[75] 国务院.国家职业教育改革实施方案[EB/OL].(2019-02-13)[2019-2-15]. http://www. gov. cn/zhengce/content/2019-02/13/content _ 5365341. htm.